TERRA PAPAGALORUM

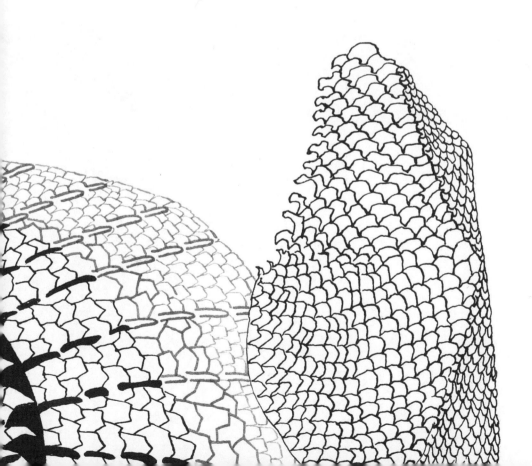

gerda brentani
paulo vanzolini

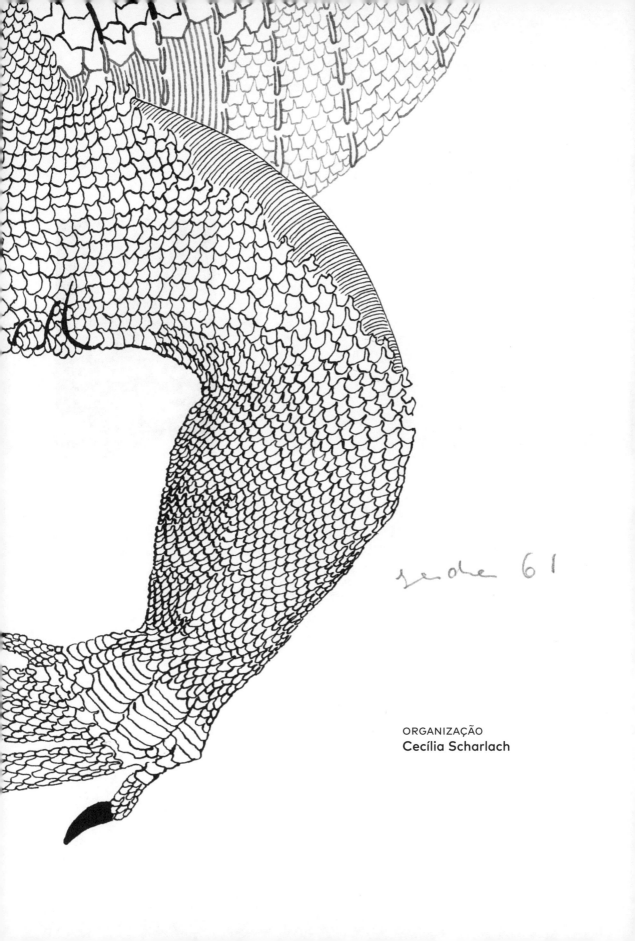

ORGANIZAÇÃO
Cecília Scharlach

gerda brentani

Paulo Emílio Vanzolini — qual o título que precede este nome?
Doutor, professor, médico, zoólogo, músico, cantor, poeta.
Ele merece todos. Riqueza incrível.
Escondido por um quase branco avental de farmacêutico, rosto redondo, cachimbo na boca, olhos atentos, vivos, dissecantes. Dá medo.
É verdade, Paulo é tudo isso. Para os outros.
Para mim ele é o zoólogo.
Com ele divido o interesse pelos bichos.
Devo ao zoólogo Vanzolini o estudo sério e constante do qual resultaram os desenhos sobre a fauna brasileira que compõe este bestiário.
A ele devo o texto perfeito que acompanha o meu desenho, texto leve, claro, bem-humorado, do exímio professor.
Se dessem, um dia, ao Paulo a tarefa de "se" catalogar detalhadamente num livro didático sobre os seres vivos, seriam necessárias pelo menos vinte páginas para conter todos os dados desta bio-autobiografia.
Desculpe, Paulo, se estas palavras lembram o absurdo ornitorrinco. Eu gosto do ornitorrinco.
Eu gosto de você. Eu gosto da descrição que você faz dos bichos do nosso livro.

Obrigada, Paulo.

paulo vanzolini

A fauna do Brasil, como a gente, é composta de espécies cujos antepassados estão na terra há muito tempo, e de outros de chegada mais recente.

A razão é simples. A América do Sul esteve separada da América do Norte durante muitas dezenas de milhões de anos. A ligação por terra só foi restabelecida muito recentemente, coisa de um milhão de anos atrás.

Durante o longo isolamento desenvolveu-se na América do Sul uma fauna peculiar e característica, com alguns elementos espetaculares, como os megatérios (preguiças gigantes) e os gliptodontes (imensos tatus).

O mesmo aconteceu na América do Norte, que esteve sempre em contato com a Eurásia. Quando se restabeleceu a continuidade das terras, houve intensa migração nos dois sentidos, através do recém-constituído istmo do Panamá.

A rápida mistura das faunas resultou na extinção de muitas formas dos dois lados; o que sobrou foi uma combinação de elementos autóctones e imigrantes, em doses variadas segundo os grupos de animais. São velhos habitantes do país, entre os mamíferos, por exemplo, os macacos, tatus, preguiças, tamanduás, gambás, capivaras, pacas; entre os outros, araras, tucanos, lagartos etc.

Antas, porcos-do-mato, onças, veados, já são de segunda leva.

Em alguns casos, como o das antas, o grupo se extinguiu no seu lugar de origem (Estados Unidos) e aparece hoje como tipicamente sul-americano, puramente nosso.

Assim como a Gerda.

Paulo Emílio Vanzolini — what sort of a title should precede this name?
Doctor, professor, physician, zoologist, musician, singer, poet.
He is entitled to all of them.
Unbelievable wealth.
Hidden by an almost-white pharmacist's lab coat, round face, pipe in mouth, quick, dissecting eyes.
Fearsome.
It is true. Paulo is entitled to all of this.
For the others.
For me he is the zoologist.
With him I share my interest in animals.
I owe to the zoologist Vanzolini the serious and constant study from which resulted the drawings of Brazilian fauna that make up this bestiary. To him I owe the perfect text that accompanies my work, light, clear, good humored.
If Paulo were once given the task of cataloguing himself in some text book on living beings, at least twenty pages would be necessary for the autobiography.
Pardon me, Paulo, if these words recall the absurd platypus.
I like the platypus. I like you. I like the descriptions you make of the beasts in our book.

Thank you, Paulo.

The fauna of Brazil, like its people, comprises species whose ancestors have been in the country for a long time, as well as some more recent arrivals.
The explanation is simple. For many millions years North and South America were separated by sea. A land connection was re-established very recently, about one or two million years ago. During the long period of isolation, a peculiar and characteristic fauna evolved in South America, including some spectacular forms, such as the ground sloths and some similarly enormous armadillos. The same, of course, happened in North America, that had, incidentally, always maintained contact with Eurasia. When the land connection was re-established, there was an intensive faunistic exchange between the two continents, through the newly formed isthmus of Panama.
The quick mixing of the faunas resulted in the extinction of many species on both sides; what remains is a combination of old inhabitants and immigrants, the composition of the mix varying from group to group of animals. Among the Old South American mammals in Brazil are the monkeys, the armadillos, the tree sloths, the anteaters, the opossums, the capybaras, the pacas; among other groups, the macaws, the toucans, most lizards etc. Tapirs, peccaries, jaguars, deer, rattlesnakes, belong to the newer element, North American immigrants.
In some cases, for instance, the tapirs, the group went extinct in its place of origin, and nowadays appears as typically South American, purely ours.

Just like Gerda.

pássaros
birds

papagaios
terra papagalorum

Terra papagalorum.

Dentro do verde básico, do bico indisfarçável e dos pés com dois dedos para trás e dois para a frente, uma grande variedade.

Há um papagaio cor de ouro e outro cor de vinho. Há uma anacã de coleira roxa tremida que se eriça em auréola.

A inteligência não é das maiores, mas a disposição para o debate amplo e ruidoso é exemplar.
Terra papagalorum.

Within the basic green, the undisguisable beak and the feet with two toes on each side, there is a wide variety.

There is a golden parrot, a wine-colored parrot and a hawk parrot with a wavy purple collar which can be raised into an aureole.

Their intelligence is not outstanding, but they are exemplarily disposed towards open and noisy debate.
Terra papagalorum.

sabiá
thrush

Obviamente

Minha terra tem palmeiras
Onde canta o sabiá
As aves que aqui gorjeiam
Não gorjeiam como lá.

Cinza ou peito laranja, é um líquido e penetrante cantor, tão triste na gaiola, mais triste ainda lembrado longe de casa.

Gray or orange-breasted, the thrush is a liquid and penetrating singer, very sad in the cage, much more so when remembered away from home.

sem-fim, bem-te-vi
striped cuckoo,
tyrant flycatche

Sem-fim. Além de ser triste, escolhe para cantar a hora doce do fim da tarde, junto com a saracura-três-potes e a cauã.

cauã cauã cauã cauã cauã

Bem-te-vi canta forte, ríspido, pega insetos e pesca peixes, até no mar. É duro e insolente, não pede nem dá, chefia ataques aos gaviões menores, que fogem abobadíssimos e humilhados.

Sem-fim, meaning "no-end", endlessly repeats "sem-fim". He is a sad bird who sings in the pleasant late afternoon, along with the rail and the laughing falcon.

cauã cauã cauã cauã cauã

The tyrant flycatcher sings in a stern loud voice; he hunts insects and fishes, even in the ocean. He is tough and contemptuous, neither asking nor giving quarter. He will lead other birds against the smaller hawks — harassing, chasing, humiliating them.

cauã
laughing falcon

O cauã chama a si mesmo insistente e lúgubre, de tardinha, e come cobras.

The laughing falcon calls to himself, demanding and lugubrious, at sundown, and eats snakes.
Cauan, cauan, cauan.

caracará
caracara

pega-macaco
hawk-eagle

Tirante o gavião-de-penacho,
aos rapaces brasileiros
falta-lhes estampa.

Exceção para o pega-macaco,
de calças compridas de iaô
e bico afirmativo.

The Brazilian birds of prey,
excepted perhaps the eagle,
are unimpressive.

All except this monkey hunting
hawk-eagle, with its long voodoo
pantaloons and affirmative beak.

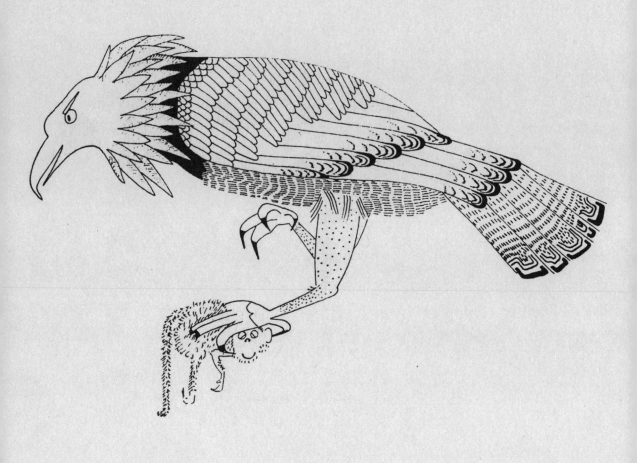

tesoura, beija-flor, papagaios
fork-tailed flycatcher, hummingbird, parrots

arara
macaw

As araras são mais ou
menos cinco.
Uma é raríssima.
Aninham juntas e são muito
alegres ao entardecer,
quando voltam para casa.

São muito magras, mas a
plumagem dá vulto.

A carne é dura, mas deliciosa.
Cinquenta minutos na panela
de pressão.

There are more or less five macaws.
One is extremely rare.
They nest together and are very
merry at sundown, on their
way home.

They are very thin, but the feathers
make for bulk.

The meat is tough but delicious.
Fifty minutes in the pressure cooker.

harpia
harpy eagle

tucanos
toucans

O bico do tucano é enorme,
mas pouco pesa. É oco.
Abre coco e é pintado, cada
espécie a seu modo.
É aborrecido contar, mas o tucano
come os filhotes de outras aves.
As penas, principalmente do papo,
costumavam dar lindos mantos
de índios. O melhor que resta
está na Europa, levado pelos
franceses no século XVI.
Outro era do imperador.

The toucan's beak is enormous,
but is hollow and weighs
very little.
He uses it to open nuts.
It is spotted, each species
being distinctive.
It is annoying to tell, but the
toucan actually eats other
bird's chicks.
The feathers, especially from the
breast, were used by the Indians
to make lovely capes. The finest
one in existence is now in Europe,
where it was brought by the
French in the XVI century.
Another one used to belong to
our late emperor.

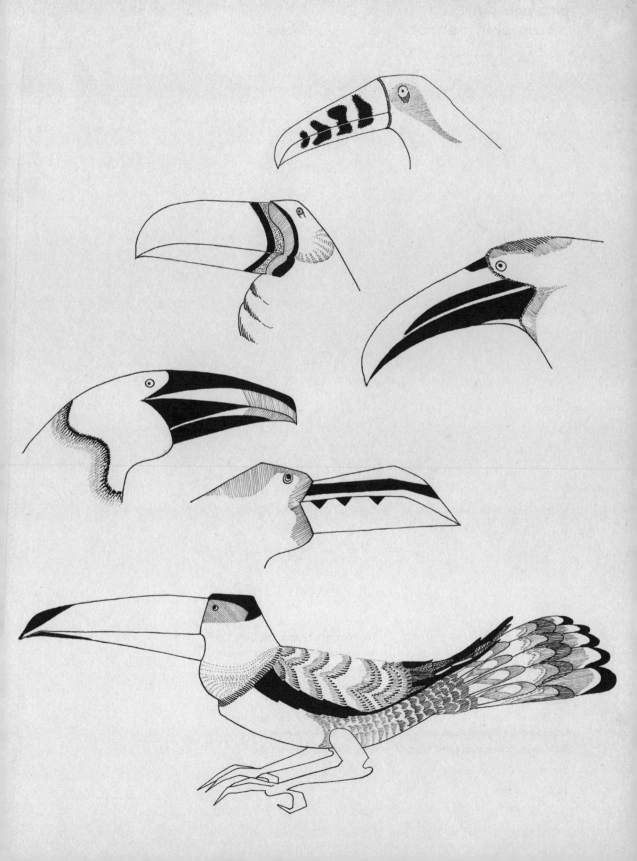

pica-pau, juruva
woodpecker, motmot

A juruva rói as barbas das penas longas da cauda e bate horas silenciosas no escuro da mata.

O pica-pau, no geral, quer sol. Bate, fura, come, voa, grita agudo.

The motmot gnaws the barbs of its long tail feathers and strikes silent hours in the darkness of the forest.

The woodpecker usually loves the sun. He hammers, bores, eats, flies away, cries shrilly.

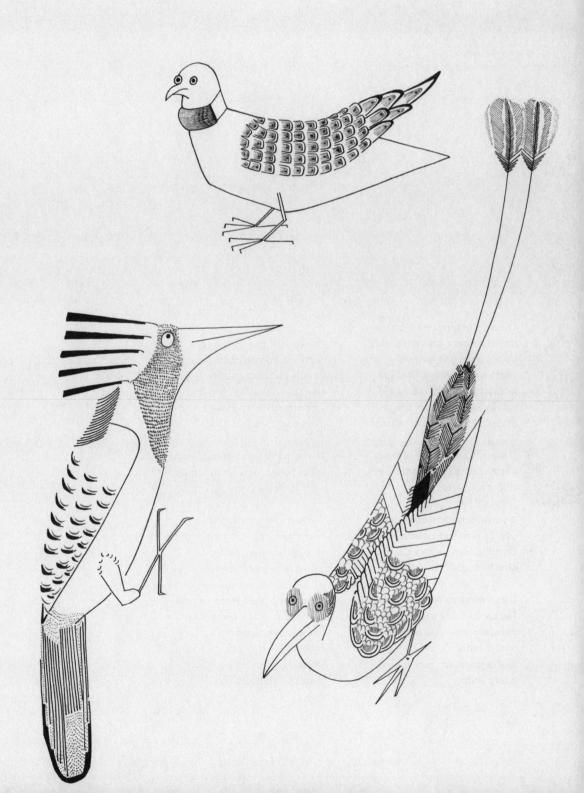

galo-da-serra, anhuma, seriema
cock of the rock, screamer, seriema

O galo-da-serra, na fronteira das Guianas e da Venezuela, dança para a fêmea em castelos rupestres. Ele, que requesta, é lindo, alaranjado cor de fogo e macio. Ela, a disputada, é feia e afônica.

A anhuma, de chifre cárneo, vaga absorta pelo mato e não chifra ninguém.

A seriema é comedora de cobras e de tudo, corredora de campos, tem bigode cascão e olho de fogo.

Oh seriema de Mato Grosso
Teu canto triste me faz chorar
porque me lembro de
minha terra
tenho saudade
quero voltar.

The cock of the rock, on the northern border, dances for the female on rocky castles. He, who courts, is beautiful, fire-orange soft color. She, the loved one, is plain and mute.

The screamer wanders pensively in the forest, and gores nobody with its fleshy horn.

The seriema eats snakes and everything. It is the runner of the savanna with a gascon moustache and fiery eyes.

Oh seriema from Mato Grosso
your sad singing makes me cry
because I remember
my homeland
I miss it
I want to go back.

The cock of the rock, on
the northern border, dances
for the female on rocky
castles. He, who courts, is
beautiful, fire-orange in
color, soft. She, the
loved one, is plain
and mute.

The screamer wanders pensively in the
forest, and goes nobody with its
fleshy horn.

patos, carará
ducks, snakebird

O carará, de notório pescoço de cobra, espreitador de peixes em lagoas e igarapés, tem a carne melhor do que a cara promete.

Os patos, patoris e marrecos em pouco diferem dos de outras partes do mundo. Procuram as lagoas de tarde, voando lindo, de pescoço esticado.

The snake-necked anhinga watches for fish in lagoons and creeks. Its meat is better than it looks.

Ducks and their kind do not differ from those in other parts of the world. They home to lakes in the afternoon, in a lovely flight of stretched necks.

urubu-rei
king vulture

Há 4 urubus no Brasil.

O de cabeça preta, urbano.
O de cabeça vermelha, caçador.
O de cabeça amarela,
urubutinga.

O urubu-rei, mais plástico e um tanto espetacular, mas tão necrófago quanto os outros.

There are four vultures in Brazil.
The black vulture is a city dweller.
The turkey vulture is
called the hunter.
The yellow-headed is
called urubutinga.

The king vulture is more spectacular, but just as necrophagous as the others.

urubus
vultures

**Na beira d'água há uma
sociedade curiosa de
espreitadores de peixes
— de bico sempre pronto.**

On the banks of lakes and
rivers lives a curious society
of fish watchers — beaks
ever ready.

pernaltas
waders

pernaltas
waders

Os pernaltas residem
ou migram.

Na seca somem.
Nas águas voltam.

Wading birds may be resident
or migrant: they flee from the
drought and return with
the waters.

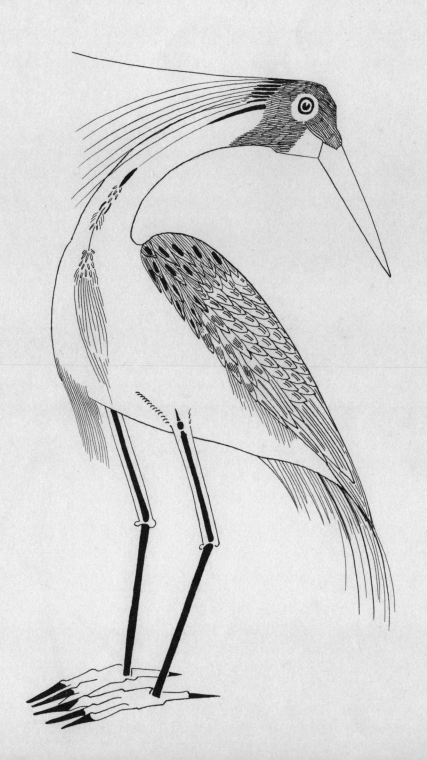

carará, carão, garça
snake bird, limpkin, heron

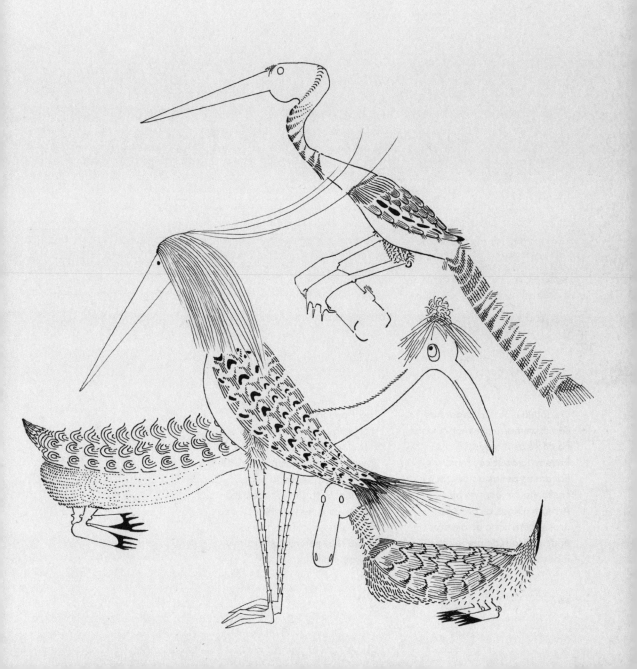

cegonhas, cauauã
storks

O cauauã e outras cegonhas são extremamente meticulosos na corte às fêmeas.
Fazem acrobáticas mesuras, eriçam as penas do pescoço e castanholam com os bicos. Armam ninhos de gravetos grossos em cima de árvores, onde pousam de maneira inteiramente improvável.

The maguari stork and other storks are extremely meticulous in their courtship.
They take acrobatic bows, ruffle the neck feathers and beat a castanet with their fierce bills. They build a nest of thick twigs up on almost leafless trees, where they perch in an entirely unlikely stance.

cabeça-de-pedra, colheireiro, tapicurú, flamingo
wood-stork, roseate, bare-faced, flamingo

O cabeça-de-pedra tem uma falsa dignidade que não prepara para as bicadas cruéis que pode desferir.

O tapicuru também se chama Maria-Faceira, por menos que o nome indique.

Flamingo e colhereiro com o guará formam a trinca dos rubros.
Com movimentos complicados peneiram a lama fina atrás de invisíveis petisqueiras.

The wood-stark ibis has a false dignity, which leaves one unprepared for its cruel bites.

The bare-faced or green ibis is also called Coy Mary, which is rather inadequate.

The flamingo and the spoonbill, together with the guara ibis, form a scarlet trio; with delicate head tosses, they sift the thin mud looking for hidden delicacies.

ema
rhea

Todo mundo sabe que a ema
é o avestruz da América.
Só os ornitologistas ainda
duvidam. Pode bem ser um
caso de convergências de
formas fundamentalmente
não aparentadas.

O ninho é coletivo e o macho,
polígamo, choca.
Tem calos no peito.

Um ovo goro é deixado de
propósito para chamar
moscas, que os pintos comem.

A ema apita como um
rebocador de neblina.

Só vive ao sul da Amazônia,
nos campos.

Everybody knows that the rhea is
the American ostrich.
Only ornithologists have doubts.
It could be a case of convergence
of basically unrelated forms.

The nest is communal.
The polygamous male broods, for
the purpose of which he has
callouses on his breast.

An unfertilized egg is deliberately
laid to rot and attract flies which
the chicks eat.

The rhea hoots like a tugboat
in the fog.

It lives in savannas, south
of the Amazons.

**Na tribo geralmente
monótona dos besouros
há alguns sujeitos imaginativos.**

In the generally dull tribe of
beetles one finds some quite
imaginative fellows.

insetos
insects

besouros
beetles

Há um grupo de besouros que explora ao limite o tema dos chifres.

Entre estes monstros pré-históricos, que puxam caixas de fósforos nas disputas infantis, apenas o macho tem chifres.

There is a group of beetles that exploits to the limit the horn theme.

Among these prehistoric monsters, that pull matchbox carts in children's games, only the males have horns.

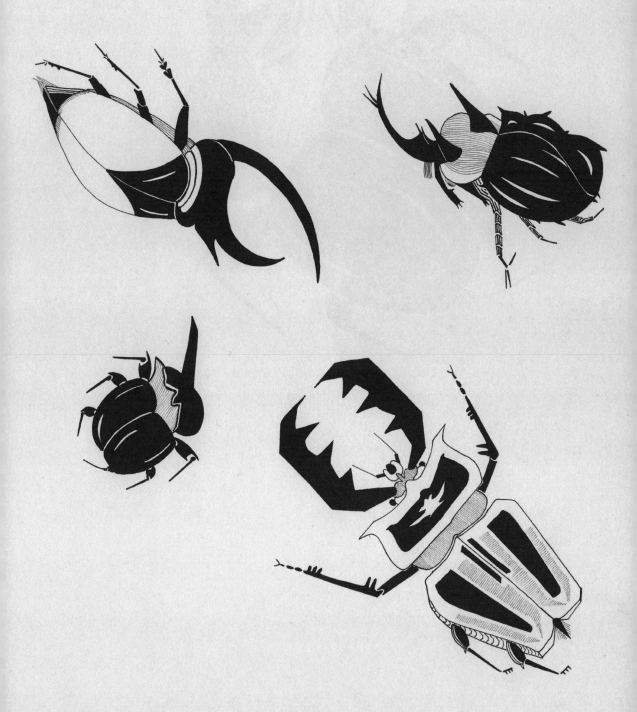

arlequim
harlequin

O arlequim tem as tenazes tão longas que seu nome latino é *longimanus*.
É abundantemente zebrado de laranja e preto, com certo mau gosto.
É muito comum, mas tão espetaculoso que quem o encontra tem a sensação de uma rara descoberta, de uma espécie de introdução fortuita às incríveis riquezas tropicais.

The harlequin beetle has very long pincers which is why its Latin name is *longimanus*. It is orange and black striped in rather bad taste. It is common, but so spectacular that, upon meeting one, the person has the feeling of a rare discovery – a sort of fortuitous introduction to the incredible riches of the tropical fauna.

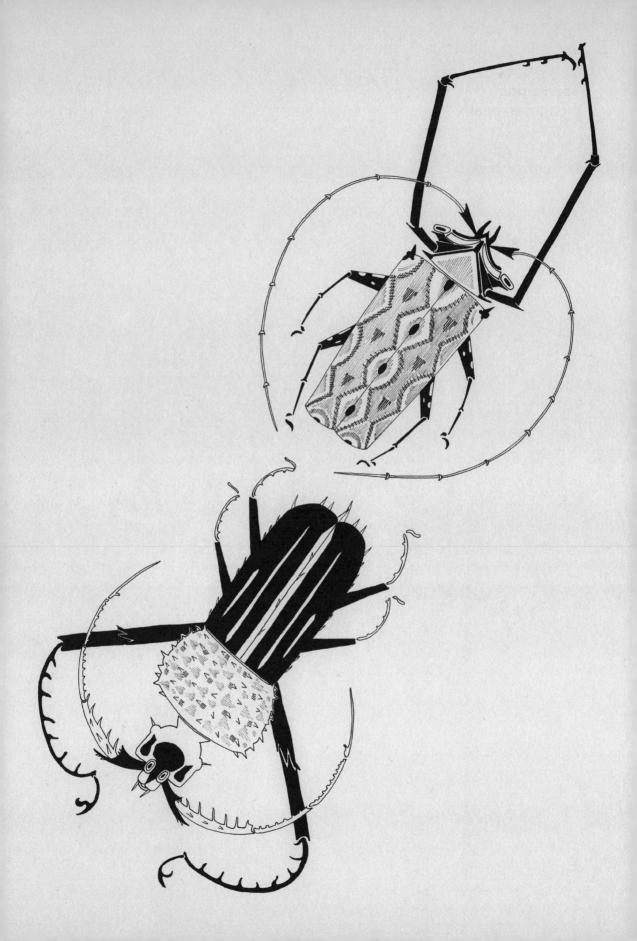

serra-pau
longhorn beetle

outros besouros
beetles again

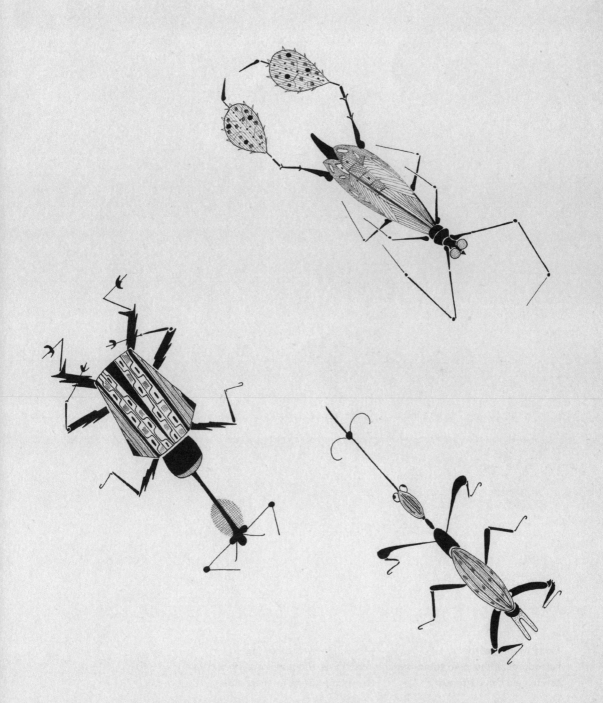

titanus
titanus

Entre os longicórneos serradores brilha, pelo tamanho senão pela cor, o *titanus*.

Among the wood-sawing longhorns, *titanus* excels, if not by color pattern, by sheer size.

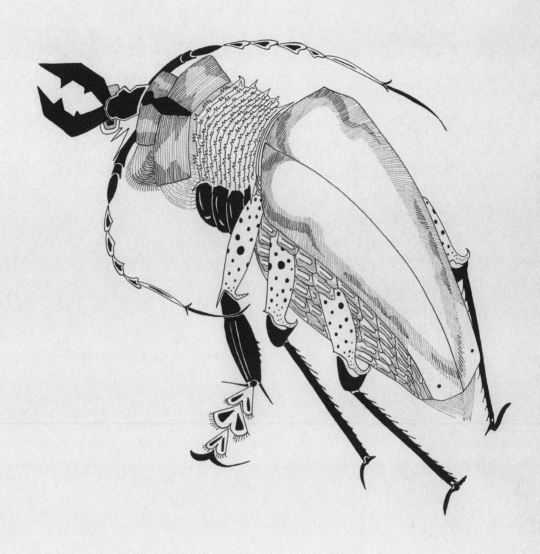

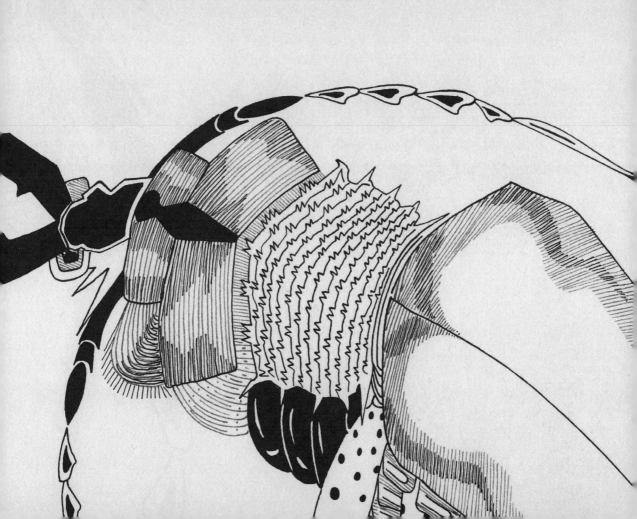

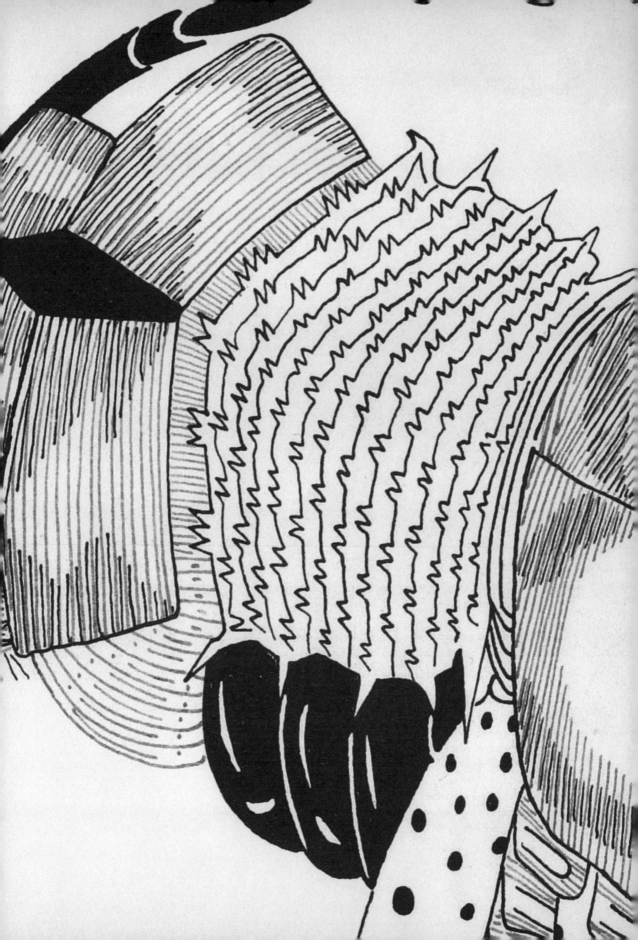

formigas
ants

Formigas por toda a parte.

Ou o Brasil acaba com a saúva
ou a saúva acaba com o Brasil.
Tentação de criar saúva.

As fêmeas aladas, de abdômen
túrgido de ovos, são torradas e
comidas pelos índios e
caboclos. Rústicos bombons,
não muito gostosos.

A formiga-de-fogo não deixa
colher o arroz em lugares onde
ele daria muito bem.

Ants everywhere.

Either Brazil gets rid of the sauva
or the sauva will get rid of Brazil.
Temptation to breed sauva.

The winged females, their
abdomen swollen with eggs,
are toasted and eaten by
Indians and caboclos.
A rustic candy, not very tasty.

The fire ant prevents the
cultivation of rice where it would
grow well.

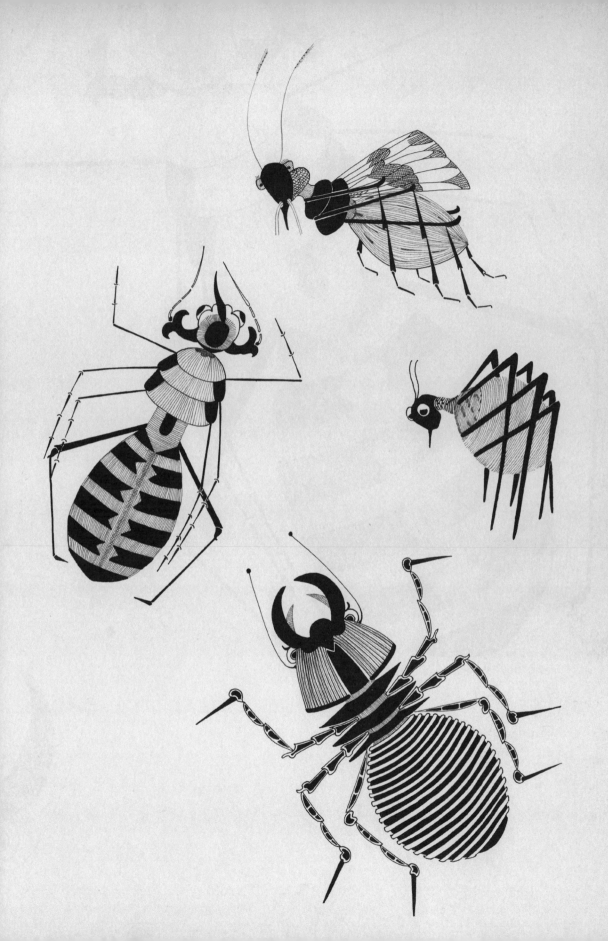

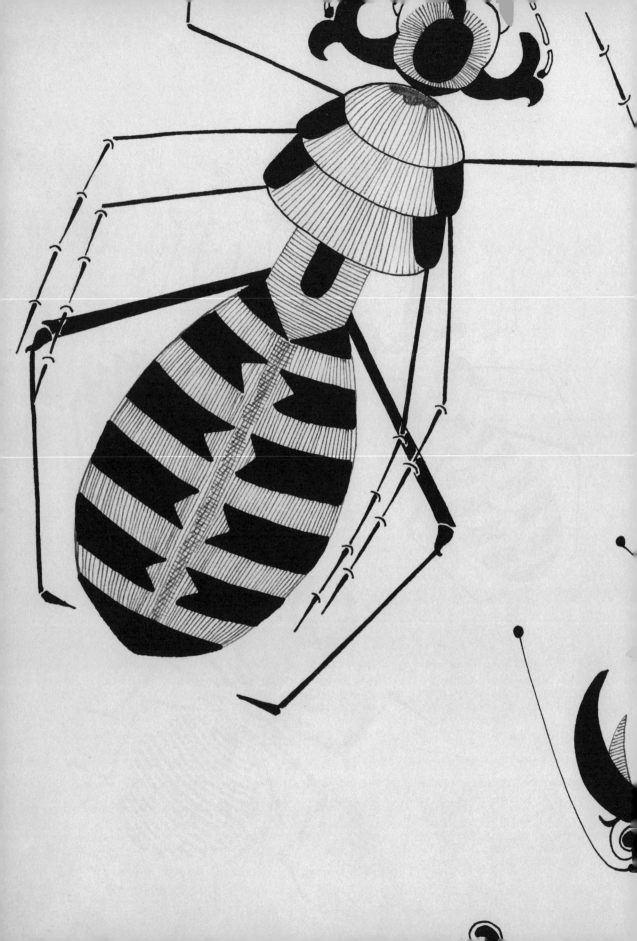

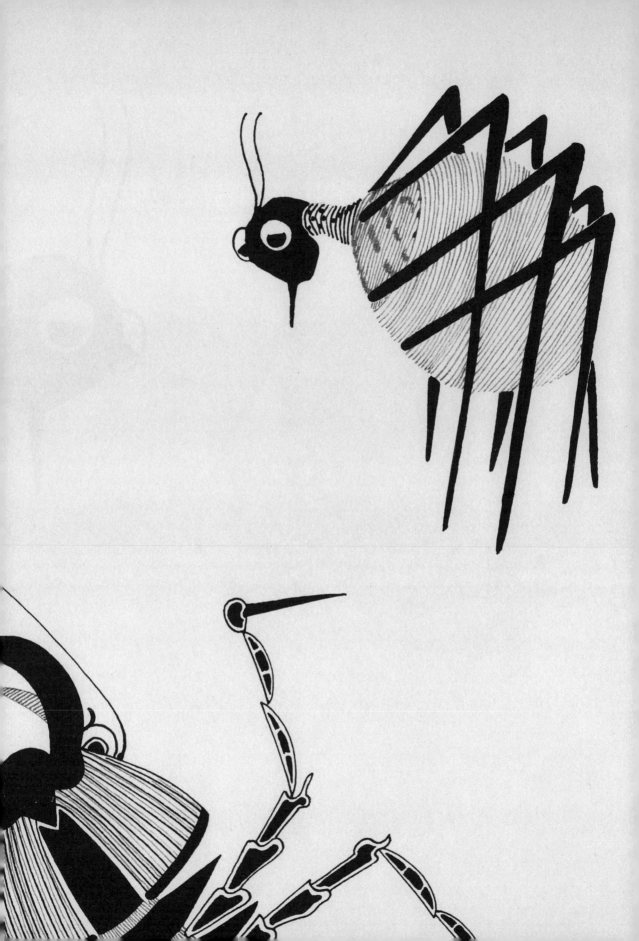

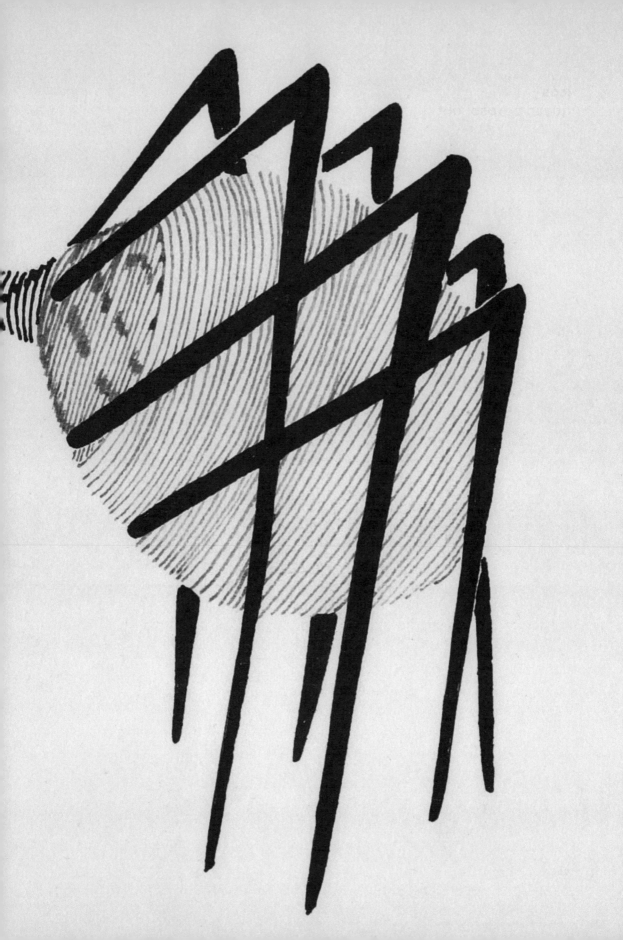

içás
queen parasol ant

chupadores de sangue
blood-sucking insects

Os insetos que chupam
sangue pertencem a
variados grupos.
O povo lhes dá um
nome coletivo.

Praga.

The blood-sucking insects
belong to many
diversified groups.
People give them one
collective name.

Pests.

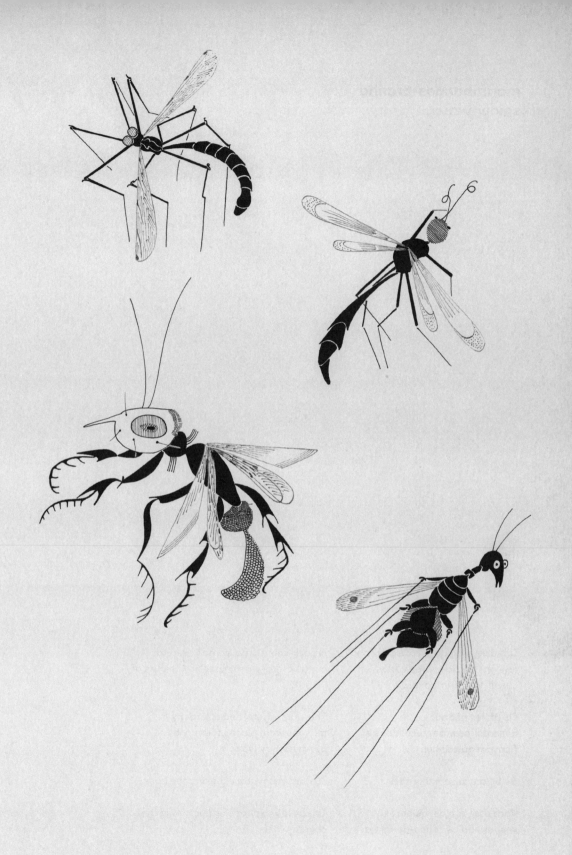

marimbondos-aranha
spider wasp

Um delegado do sertão colocou nas grades do xadrez várias casas de marimbondo.	A back-country policeman used to hang several wasp nests on the bars of his jail.
Os piores bêbados e desordeiros eram recolhidos e ficavam quietinhos.	The worst drunk and disorderly persons were placed there and behaved very well.
Se balançassem a grade...	Just let them start shaking the bars...
Para esse fim as melhores vespas são as cabas-de-igreja.	The best wasp for this purpose is the church-wasp.

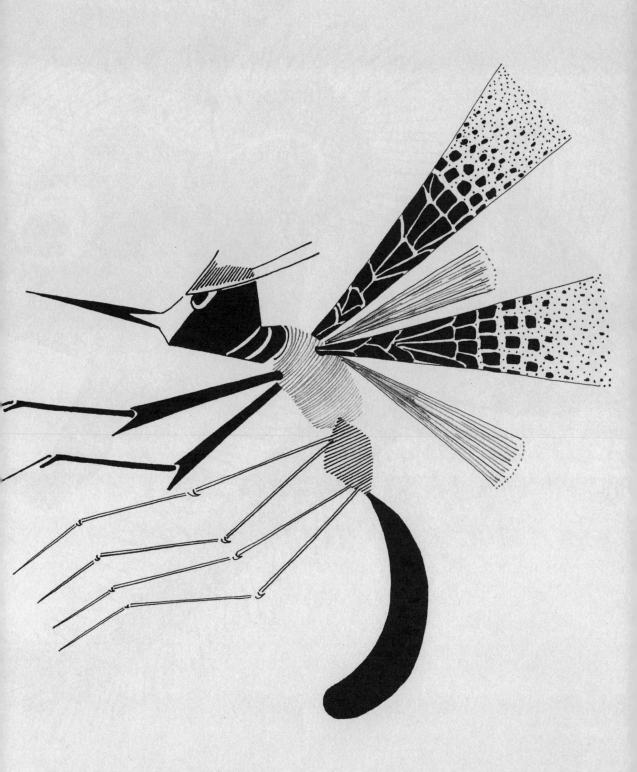

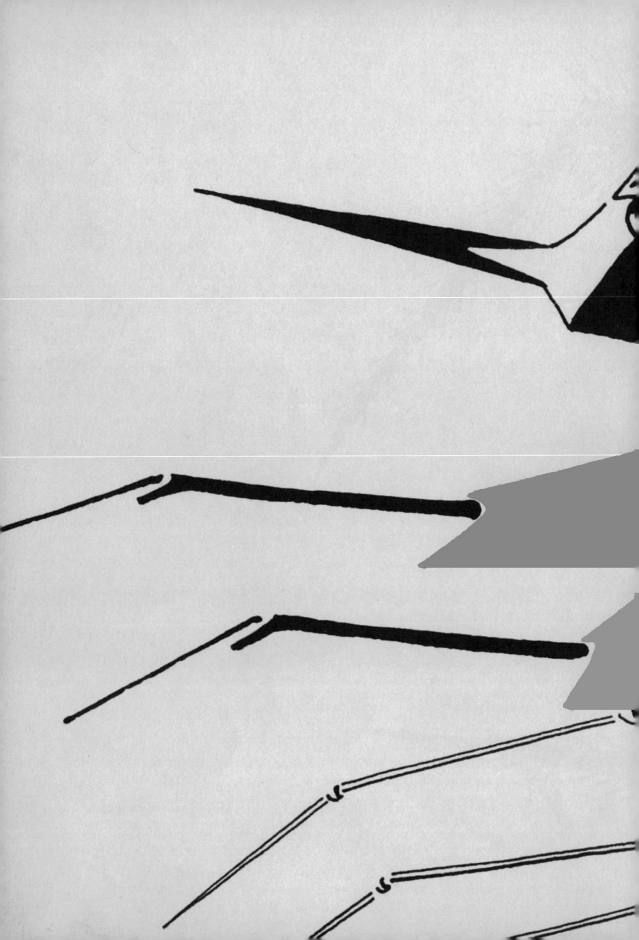

vespas
wasps

jequitiranaboia
lanterfly

A jequitiranaboia procura o pau seco para pôr seus ovos. O caboclo pensa que foi o inseto quem matou a árvore. E quem mata uma árvore só com o pousar nela, a coisas menores e menos duras, que fará? Ainda mais que a cabeça parece tanto uma caveira.

The lanternfly, a mere relative of the cicada, looks for a dead tree on which to lay its eggs. The natives think that the insect killed the tree. Now, if it can kill a tree just by sitting on it, think what harm can be done to smaller and softer things. Specially when its head so closely resembles a skull.

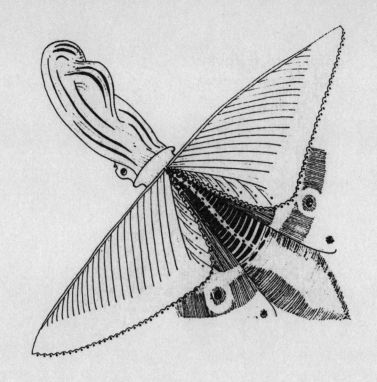

gafanhoto, gorgulho
grasshopper, weevil

O gafanhoto vive vida humilde e laboriosa em campos pobres, onde não dá prejuízo. De vez em quando, porém, baixa nele o espírito dos hunos. Arregimenta-se e arremete, e arrasa o chão por onde passa.

Já os gorgulhos são tenazes e insidiosos. Nada lhes escapa – pacientemente vão reduzindo os alimentos enceleirados a montões de malcheiroso pó.

The grasshopper normally leads a humble but busy life in poor grasslands where he does little harm. From time to time, however, the devastating spirit of the Huns descends upon him; hordes advance, leaving all bare behind.

The weevils, on the contrary, patiently, tenaciously and subtly turn vast stores of foodstuffs into evil-smelling powder.

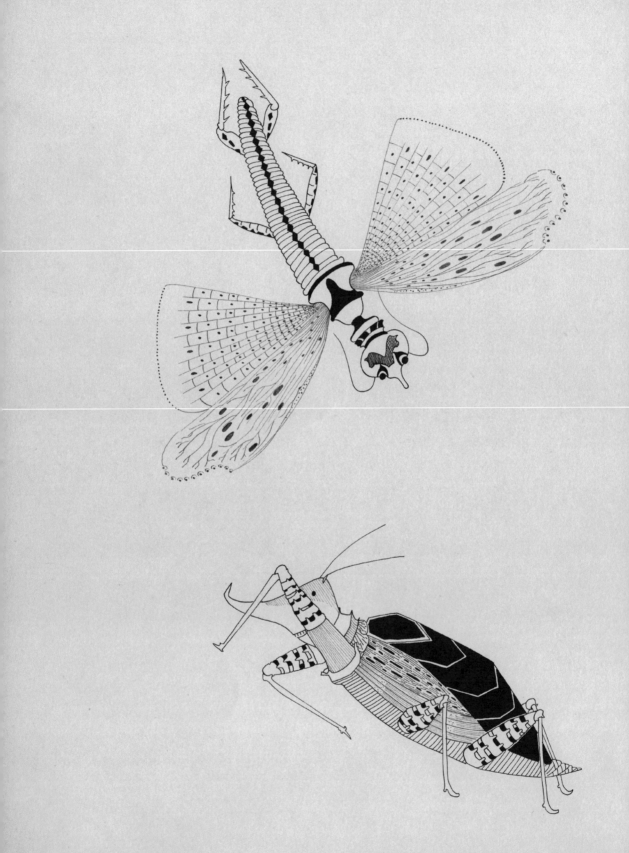

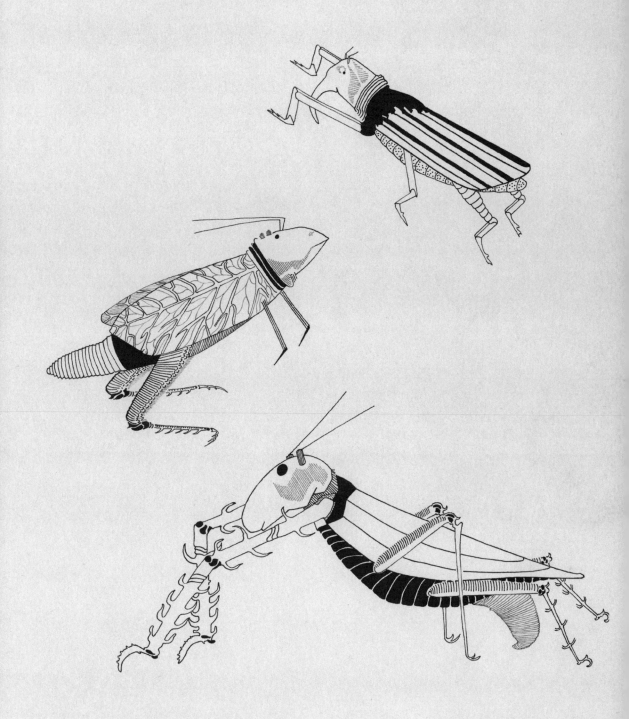

insetos aquáticos
aquatic insects

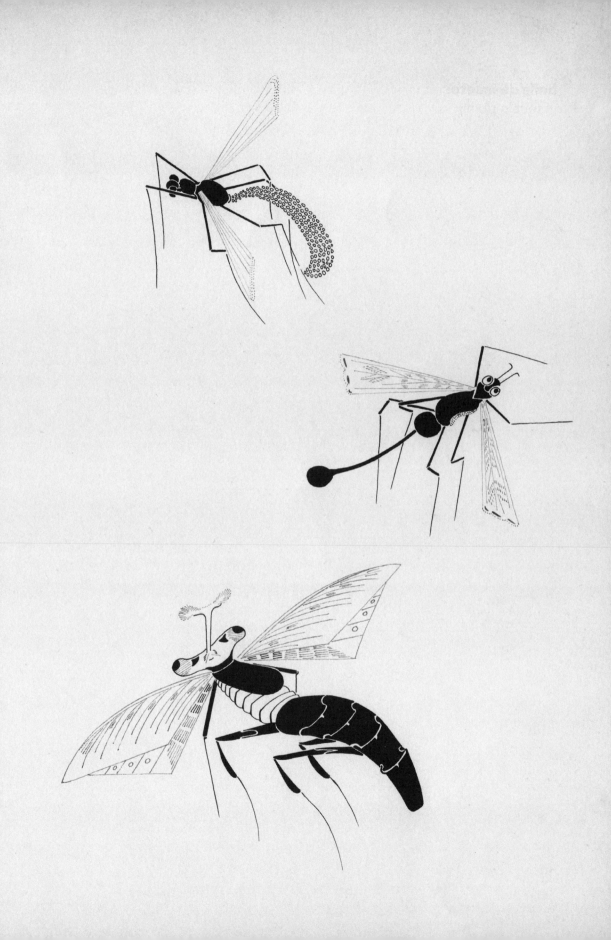

baile de insetos
insect's party

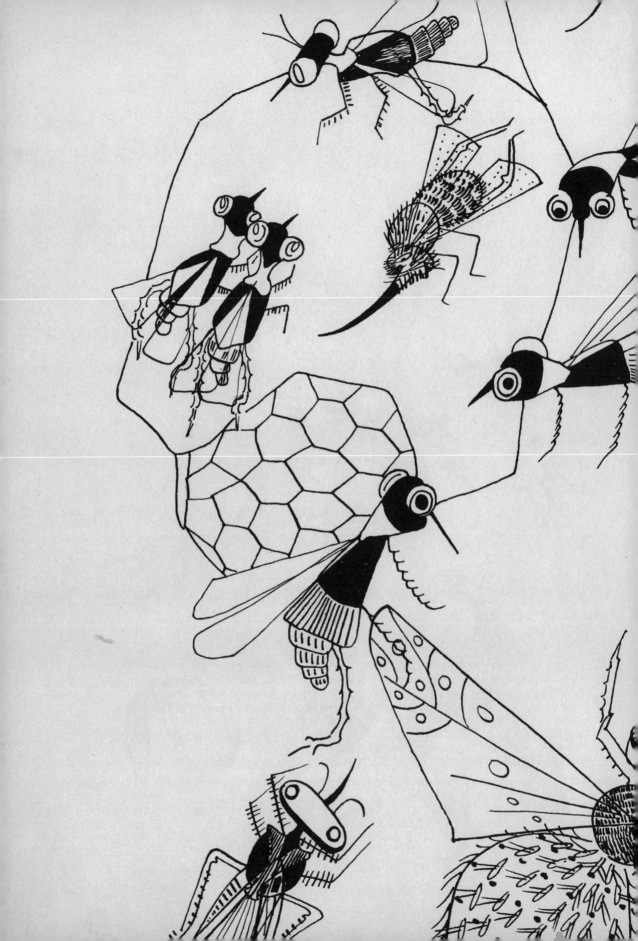

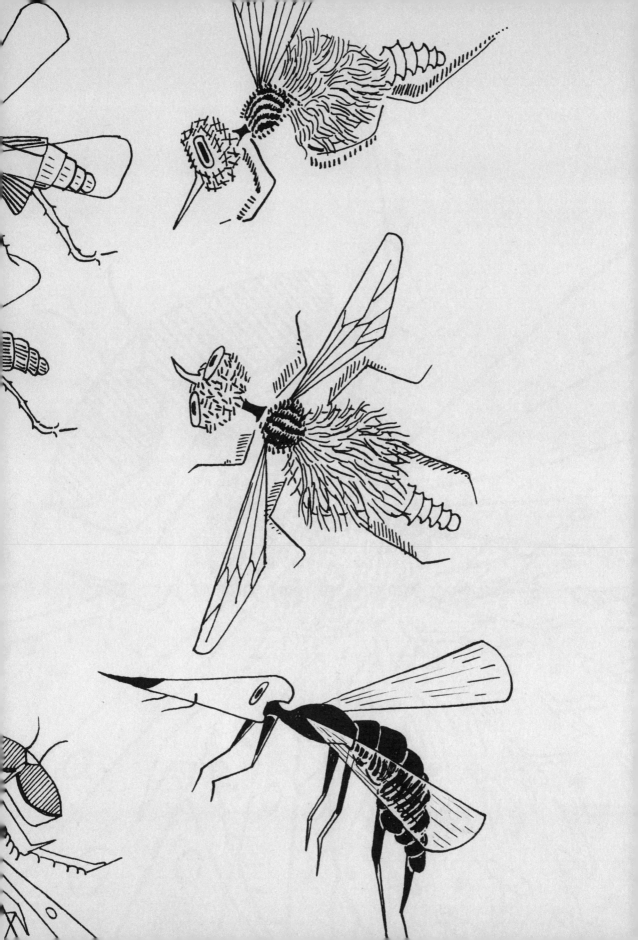

mariposa
moth

Nas noites úmidas e escuras,
a surda legião das mariposas
alça por sobre as matas seu
voo tonto de veludo e corre
para a luz.
Turbilhona no clarão e depois
senta, exausta.

In the dark and humid night, the
mute legions of moths
spread their dizzy flight of velvet
over the forest and fly towards
the light.
They whirl and whirl and whirl in
the brightness until,
their strength spent, they sink to
the ground.

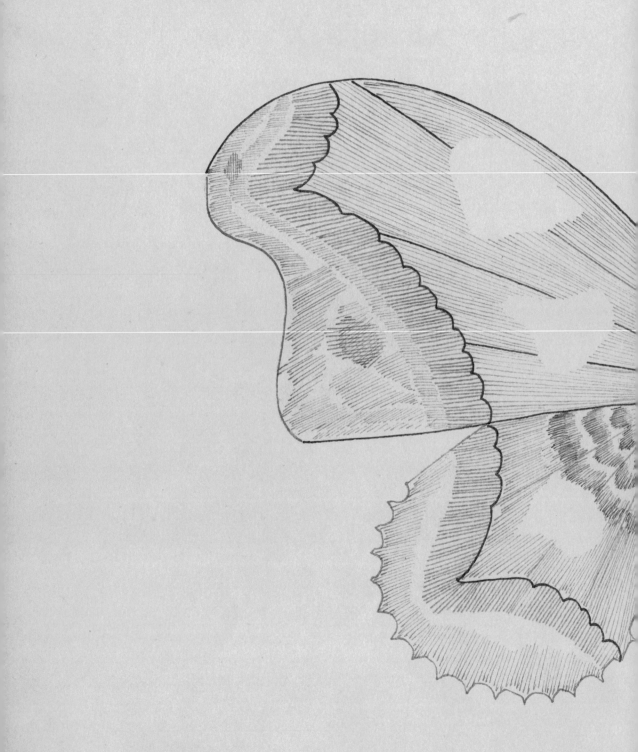

mariposa rabuda
long-tailed moth

Quando a mariposa rabuda voa, as caudas gêmeas, saca-rolhas tênues, espiralam e tremeluzem. Os morcegos e curiangos atacam, porém o inseto sacrifica o adorno e escapa.

When the long-tailed moth flies, her thin cork-screw twin tails spiral and twinkle. Bats and nighthawks attack, but the insect sacrifices its adornment and escapes alive.

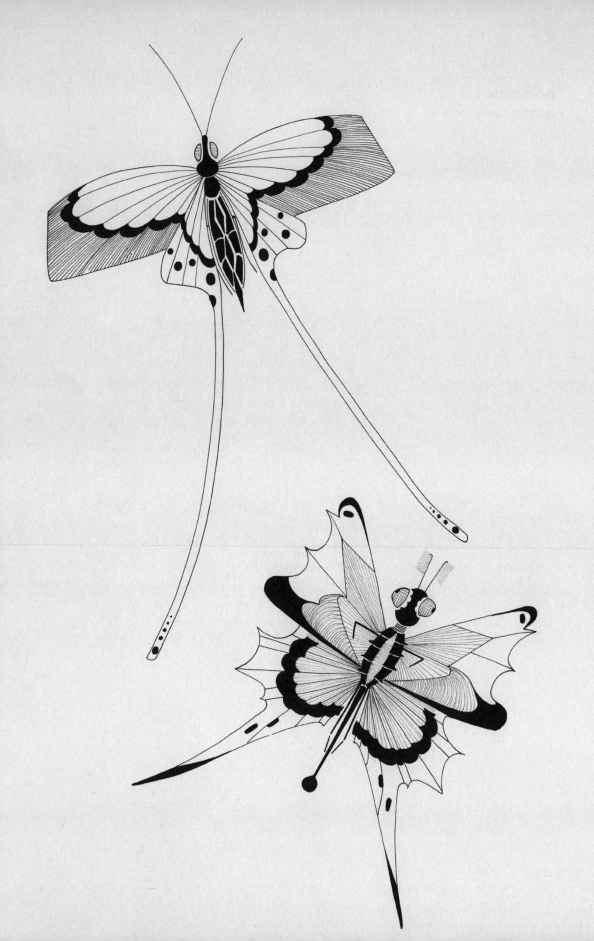

borboletas
butterflies

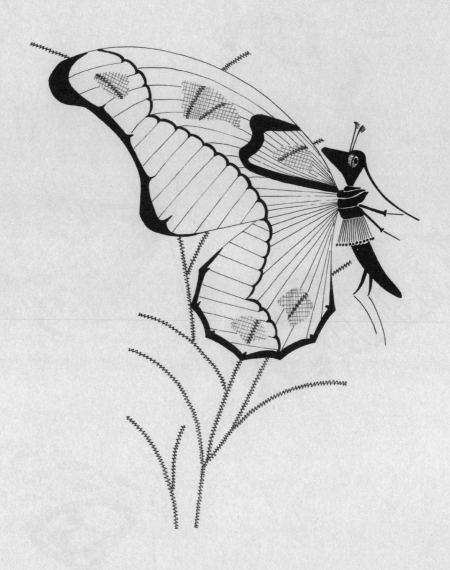

bicho-pau
walking stick

Bichos-pau são comuns, mas, mesmo assim, cada encontro com o bicho em natureza é uma aventura, e o desfiar dos detalhes bizantinamente perfeitos prolonga a sensação de maravilhoso, além das borboletas azuis e dos chifrudos gigantescos.

Walking sticks are common, but, even so, each encounter with one is an adventure, and the unravelling of the bizantinely perfect details extends wonderment beyond that of the giant blue butterflies and the horned beetles.

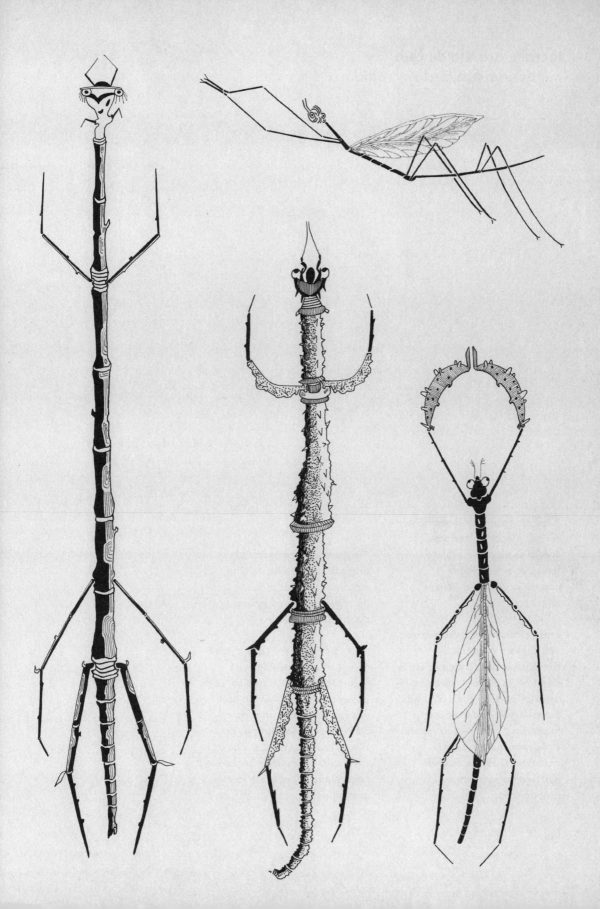

lacraia, aranha de teia
centipede, orb weaving spider

A lacraia agarra violentamente com as pinças posteriores, enrola-se na presa e injeta fundo, com ferocidade impressionante, um veneno relativamente forte.

Entre as aranhas, as tarântulas não causam doenças convulsivas, mas chagas difíceis de curar. As viúvas-negras, as aranhas armadeiras e algumas outras espécies de feições modestas matam – seu veneno é tão ruim quanto o das cascavéis. Gostam de viver junto do homem, em sua própria casa.

The giant centipede brutally grabs its victim with its hind pincers, rolls up onto it, ferociously injects a strong poison deep into it.

Among spiders, the tarantulas do not cause convulsions as reported – only sores which take a long time to heal. The black widow, the ctenus and some other unassuming species are killers. Their poison is as bad as the rattlesnakes. They like to live near man and are often found within houses.

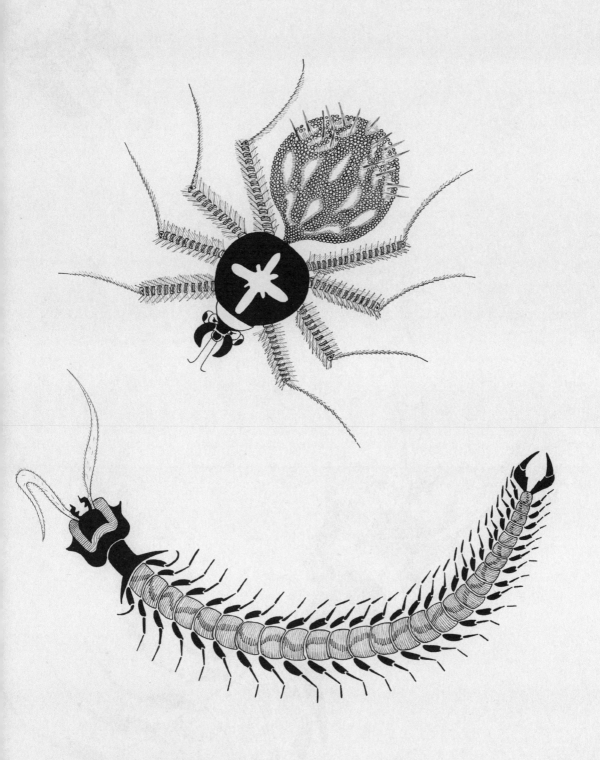

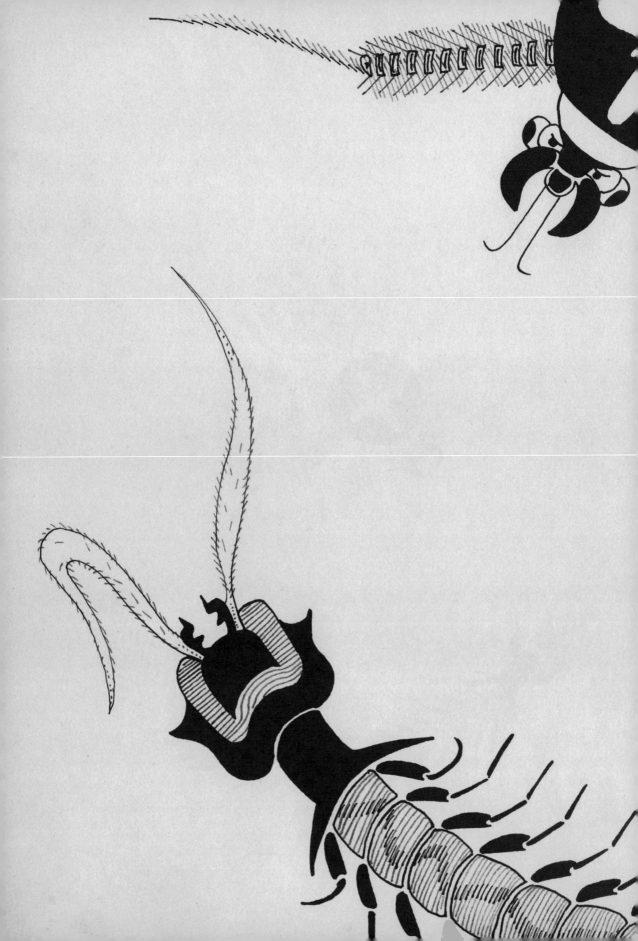

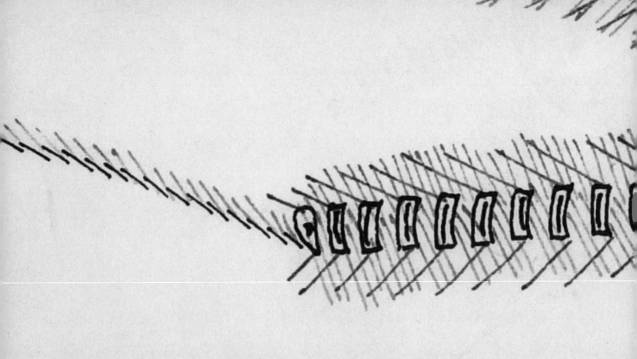

escorpião, escorpião-vinagre
scorpion, vinegaroon

Não parece haver muita justificativa para que estes dois animais, tão diferentes, atendam pelo mesmo nome genérico de escorpião. Um é o verdadeiro, matador de crianças; o outro é, em muitas línguas, o vinagre, cuja única defesa é exsudar um líquido de cheiro acético.

There is little reason for two such different animals to be both called scorpions, as they are in Brazil. One is the true scorpion, that can kill a child; the other is the vinegaroon, whose only defense is to exude a vinegar-smelling fluid.

caranguejeira
crab spider

A caranguejeira é feia mas não é brava.

Pode ser desenhada como máscara de guerreiro oriental.

Seu nome de grupo é migalomorfas.

O marimbondo-caçador não se impressiona. Paralisa o sistema nervoso da aranha sem matá-la, injeta a desova na carne viva e assim garante o futuro da prole.

The crab spider is ugly but not fierce.

It can be drawn as the mask of an oriental warrior.

But the hunter wasp is not impressed. It paralyzes the spider's nervous system without killing it, then lays its eggs in the spider's flesh, which thus becomes a living larder for the wasp brood.

peixes
fishes

surubim
sorubim - the big catfish

Há no Brasil uma enorme riqueza de peixes de couro. Os maiores – jaús, surubins, pintados, peixes-lenha, pirararas, piramutauas – vivem nos grandes rios profundos. São fortes e vorazes, e sua carne sempre deliciosa.
O melhor jeito de pescá-los é com o pindacuema. Uma linha forte e muito comprida é jogada em um poço fundo do rio, amarrada a um galho resistente e flexível ou a uma vara grossa de bambu, bem escorada.
A isca, de carne, é grande. Durante a noite o peixe se fisga sozinho e arranca. A linha cede, mas não quebra e puxa o bicho de volta. De manhã o pescador vai lá e porfia com ele.
Dois, três dias pode durar a luta, se o fundo é sujo e a tranqueira ajuda o peixe.
No fim, este se cansa e vem. Várias vezes reboja e descobre o lombo escuro e ainda consegue afundar, até que tenta um esforço monstro, mas leva um golpe na cabeça e sai.

Brasil has a wealth of catfish. The largest – jahu, sorubim, pintado, peixe-lenha, pirarara, piramutaua – live in broad deep rivers. They are strong and voracious and their meat is always delicious. The best way to catch them is with a pindacuema. One end of a very long stout rope is tied to a thick flexible tree branch or to a firmly anchored strong bamboo pole. The other end, baited with a large piece of meat, is let down into a deep hole in the river. During the night, the fish hooks itself and runs.
The rope gives but does not break and the creature is pulled back. In the morning, when the fisherman checks the line, a struggle begins to land the fish. If the bottom is full of dead trees and such, and so helps the animal, the fight may last for two or three days.
Finally it is worn out, however, and come to shore. Its dark back will break the surface several times and it will go round and round. It will make a last monstrous effort to free itself, but will be hit on the head and landed.

cabeça de pirarucu
head of arapaina

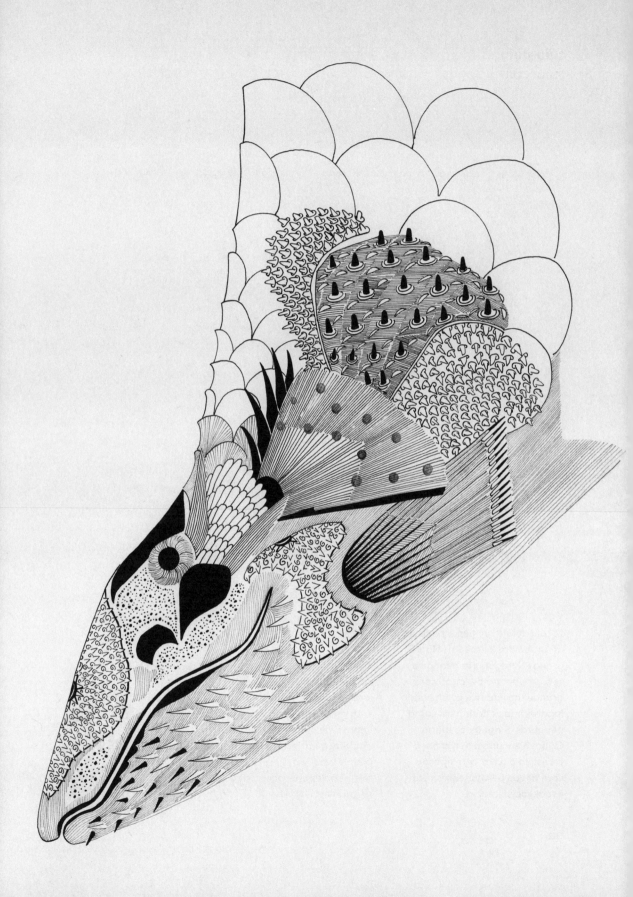

cuiu-cuiu
cuiu-cuiu

O cuiu-cuiu é um peixe de couro do grupo dos cascudos. Não é grande. Anda muito bem pelo seco, mudando de lagoa com grande facilidade e colonizando lugares impossíveis, tais como pedreiras e lagoas de olaria. Quem o encontra numa poça formada ontem, sem ligação com águas permanentes, fica espantadíssimo.

The cuiu-cuiu is a small armored catfish. It moves very well on dry land, travelling from pool to pool with great ease, and inhabiting impossible places such as rock and clay quarries. It puzzles people who find it in yesterday's rain puddles unconnected to permanent waters.

cascudos
armored catfish

Toma-se o cascudo e joga-se na brasa.	Take an armored catfish and throw it on live coals.
Quando o cheiro indicar que está assado, retira-se.	When the smell indicates it is properly cooked, take it out.
Quebra-se o pescoço, arranca-se a cabeça e, de dentro do duplo estojo dorsal, tiram-se dois delicados lombinhos.	The neck should be broken, the head pulled off, and two delicious filets removed from the double dorsal sheath.

piramboia
lungfish

A piramboia é um dos três descendentes vivos do grupo de peixes que deu origem, *in illo tempore*, aos anfíbios. Seu crânio já foi bastante progressista, mas simplificou-se; os pulmões estão no caminho da vida terrestre. Costuma estivar, enterrada na lama, da Amazônia ao Chaco.

Seu nome quer dizer peixe-cobra, em tupi.

The Brazilian lungfish is one of the three living descendants of the fish group from which originated, *in illo tempore*, the amphibians. The structure of the skull has been progressive, but it has undergone simplification. The lungs are on the way to life on land.
In summer, it aestivates, buried in the mud, from the Amazon to the Chaco.

Its name in tupi means snake-fish.

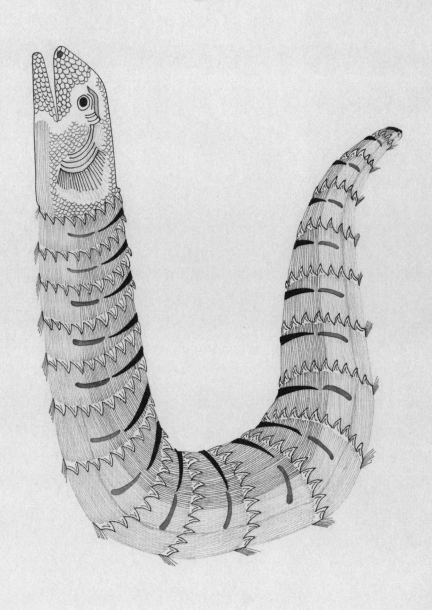

poraquê
electric eel

pirarara (bagre-sapo)
toad catfish

A pirarara é um dos grandes bagres da drenagem amazônica. Chega ao tamanho de um homem. Os índios usam sua banha para alimentar papagaios, que mudam de cor, ficando amarelinhos.

The pirarara is one of the large catfishes of the Amazon: It grows to be the size of a man. Parrots fed on its grease change color from green to a pleasing yellow: an Indian trick.

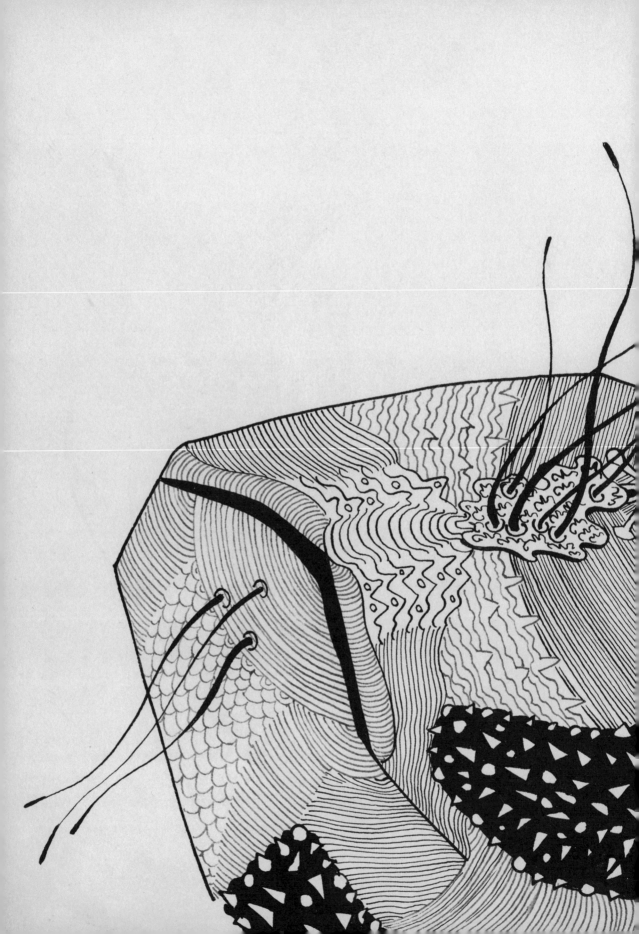

piranhas
piranhas

A piranha, mesmo atentando-se para o fato de que existem várias espécies, é um bicho misterioso. Às vezes, ataca mesmo, e reduz um corpo a esqueleto em minutos. Outras vezes, mesmo na presença de sangue, nada faz.
Por exemplo, em um igarapé em que um esqueleto de jacaré fora por elas preparado em minutos, as piranhas vinham roubar tripas de boi das mãos do menino que as estava lavando, e não mordiam.

The piranha is a mysterious creature, although several species exist. At times, it attacks and reduces animals to skeletons within minutes. Other times, even in the presence of blood, it will not do anything.
For example, in a creek where piranhas had just cleaned a caiman skeleton in minutes, they came to steal cow innards from the hands of a child that was washing them, and never touched a finger.

baiacu
puffer

O baiacu é um peixe de mar com dois ou quatro fortíssimos dentes, muito oferecido – morde qualquer isca, o que enfurece os pescadores de anzol.
No entanto, afirma-se que, retiradas as partes venenosas, pele e fígado, sem que se rompa a vesícula biliar,
a carne é bastante aceitável.

Alguns baiacus, se se lhes coçar a barriga, estufam de forma grotesca, característico humanoide dos mais interessantes.

The puffers are very nosy marine fish with two or four flat teeth strong enough to crush shells. They take any bait, which infuriates fishermen. It is said, though, that they are good eating if the poisonous skin and liver are removed without tainting the flesh with gall.

Some puffers exhibit an interesting humanoid trait of swelling grotesquely when stroked on the belly.

baiacu-de-espinho
pine fish

Diga-se do baiacu-de-espinho o que se disse dos baiacus em geral, adicionando-se que é todo espinhoso e de cor muito bonita, cheio de pintinhas.

The same things can be said about this spiny fellow as was said about the puffers in general – adding that it is very spiny and has a pretty color pattern with many small bright spots.

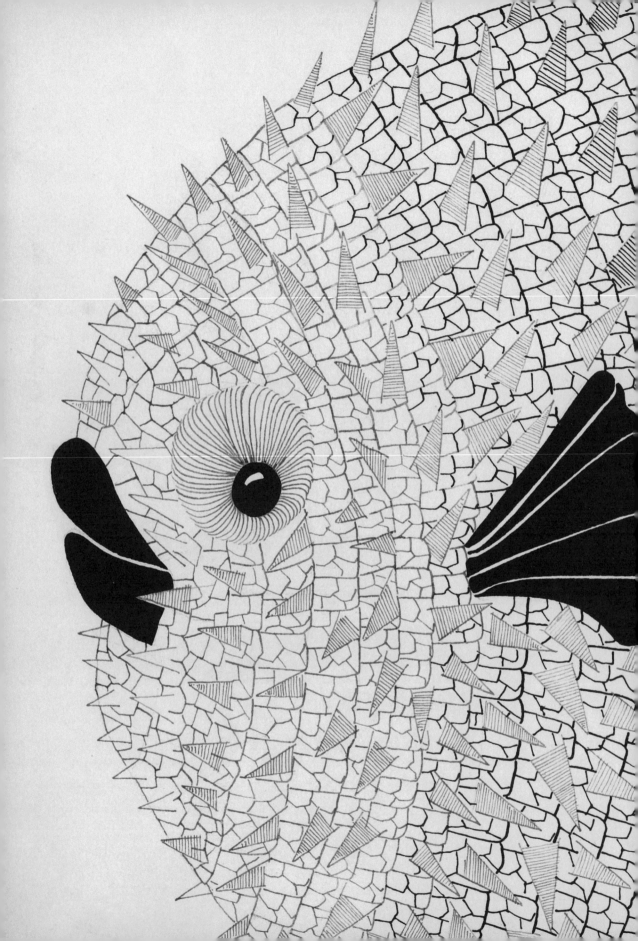

peixe-morcego
batfish

peixe-corneta, cabrinha, peixe-borboleta
cornetfish, sea robin, butterfly fish

arraia-de-fogo
stingray

O caboclo ribeirinho odeia intensamente a arraia-de-fogo. Ela fica no lodo da beira, e é pisada. Não adianta usar sandália ou tênis, pois o ferrão é de tal modo colocado que fere o peito do pé. A dor é horrorosa e a ferida inflama e pode ir à gangrena.

O olho educado do paraoara pressente a arraia pela mais leve ondulação da água – o arpão é desferido com raiva e com certeza, e o bicho, que vem se debatendo loucamente, acaba no facão.

The natives living along the rivers intensely hate the stingray. The unwary often step on it as it lies sunk in the mud by the bank.
Sandals or shoes do not help. The sting is in such a position that it hits the instep. The pain is intense; the wound swells and can easily lead to gangrene.

The sharp-eyed native detects the presence of the ray by small undulations of the water.
The harpoon is thrown with accurately and wiser. The creature comes up fighting like mad and is finished off with a machete.

acará, acará-bandeira
cichlid, angel fish

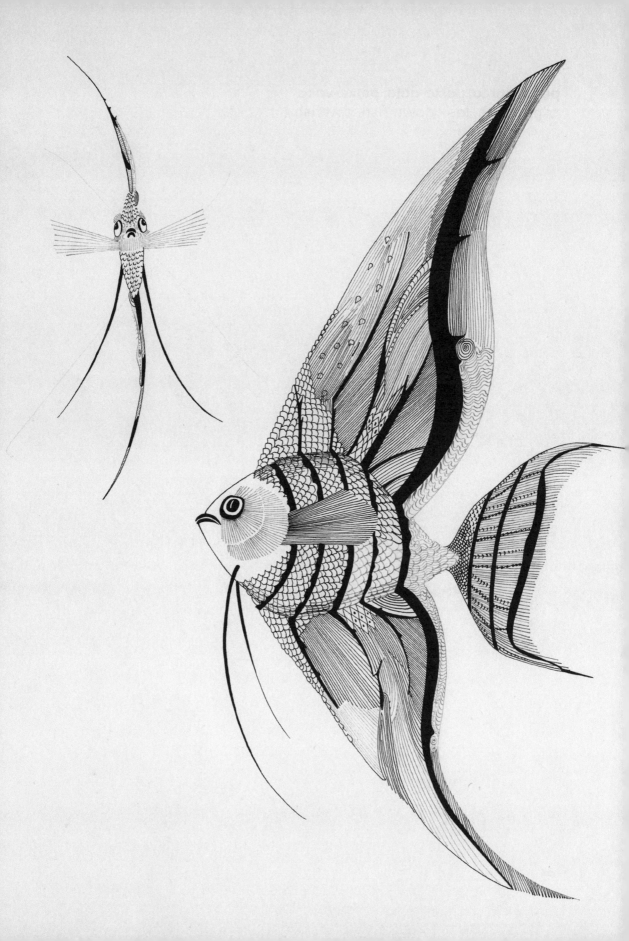

peixe-porco, peixe-galo, peixe-vaca
trigger fish, look down fish, cowfish

peixe de aquário amazônia
ornamental fish

cabrinha
sea robin

piramboia de pernas
four legged lungfish

Com esta piramboia de pernas tão desenvolvidas, não sei se Gerda estava pensando no passado ou no futuro.

With this unmistakably four legged lungfish, I do not know whether Gerda was looking back or forward.

anfíbios e répteis
amphibians and reptiles

açu
black caiman

A profissão de caçador de jacaré é dura. O melhor couro é o do açu. Que já não é mais abundante e que não gosta muito de banho de sol.

Vão dois homens. Um na frente, chuçando a lama com uma vara comprida, para espantar o jacaré das locas. O outro segue, de arpão, pronto. Quando o bicho sai, voa o arpão, e a luta pode ser medonha. No geral, acaba a machadadas. O couro é tirado na hora, barriga e lados, e a caçada continua na água dos igarapés.

Caiman-hunting is a tough profession. Only the black caiman skin has real commercial value. It is scarce these days and is not a great lover of sunbathing.

Two men go together. One prods the mud with a long pole, to drive the caiman from the deep mud holes. The second man follows with raised harpoon. When the beast appears, the harpoon flies, and the ensuing fight can be gory. Usually it is finished with an axe. The skin is removed immediately – only from the belly and sides – and the hunt goes on.

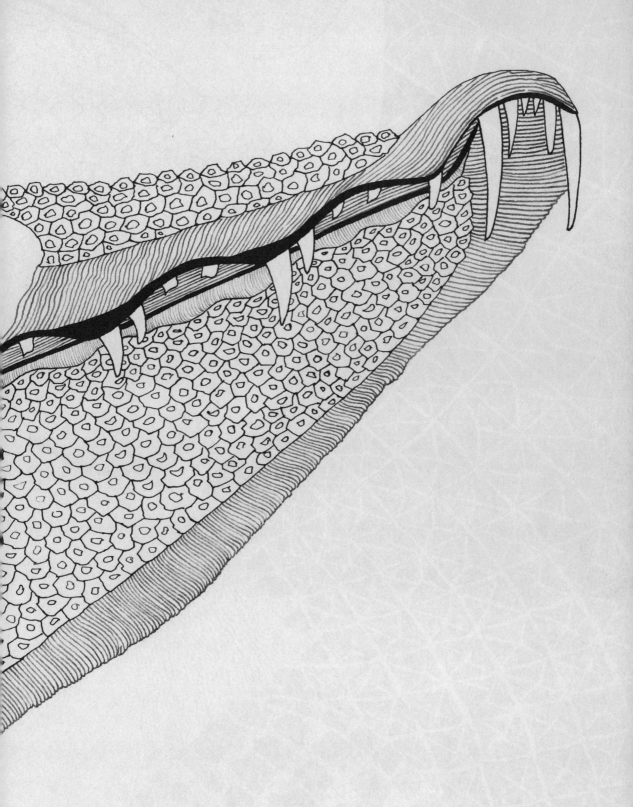

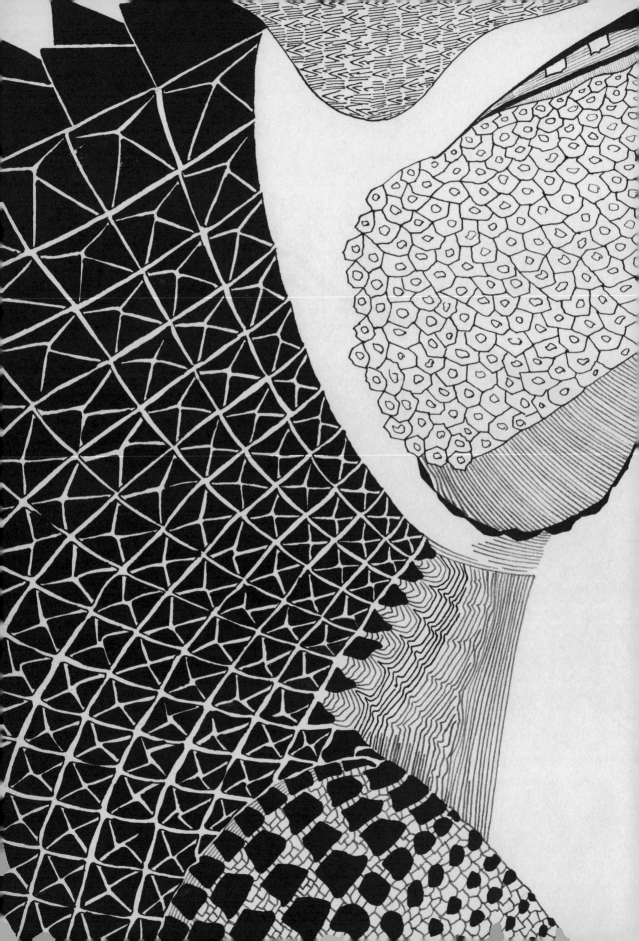

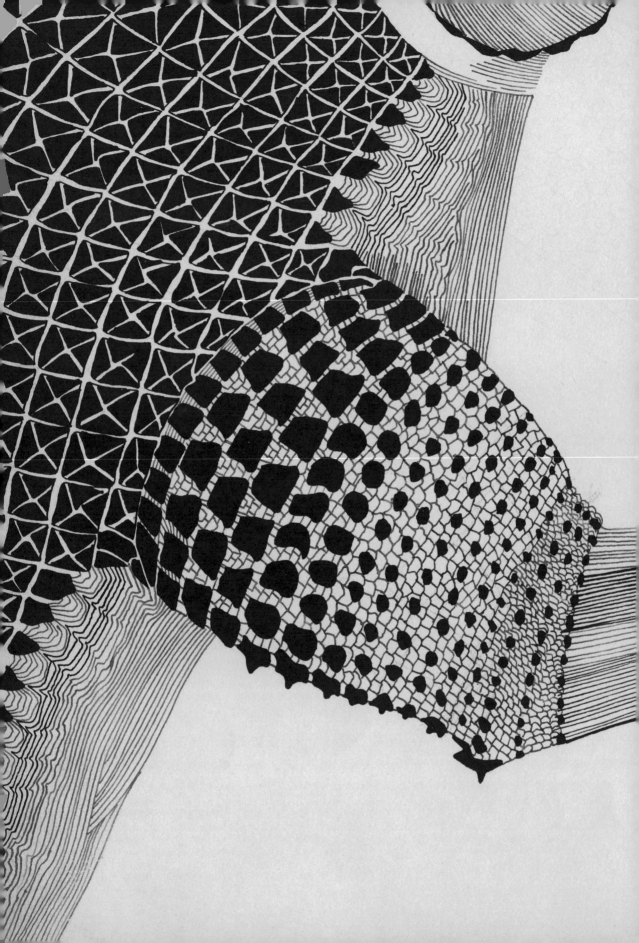

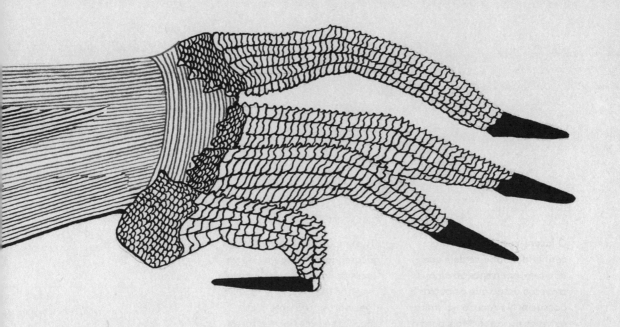

jacaré-coroa
smooth-fronted caiman

O jacaré-coroa é bicho mal conhecido. Sabe-se dele que não tem, em frente ao olho, a travessa óssea que os outros possuem. Na Amazônia, mora às vezes no igapó. Mais para o sul, onde é raro, tem aparecido em rios, mesmo porque igapó não há.

The smooth-fronted caiman or jacarepaguá is not well known. It lacks the normal crossbone in front of the eyes. In Amazonia, it lives part of the time in the igapó, the ever-flooded forest. Further south, where it is scarce, it is found in rivers specially since there are no igapós there.

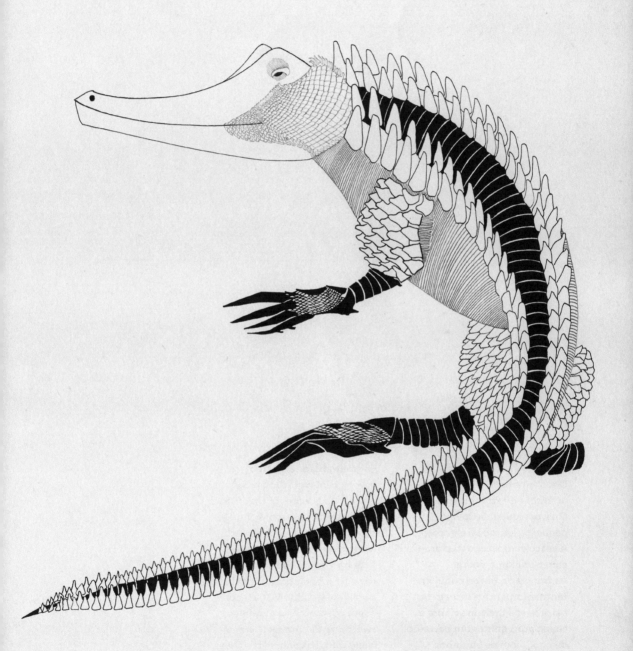

matamatá
matamata

O matamatá fora de seu ambiente é estranhíssimo. Mas, na água lodosa dos pequenos igarapés, ele some. A casca complicada mistura-se com a paulama podre.
As franjas da barba ondulam tentadoramente e atraem os peixinhos: a bocona se abre e chupa para dentro um bocadão de água, com os peixinhos.

The matamata seen out of his environment looks ludicrous, but in the muddy water of the small creeks it vanishes from sight. The complicate shell blends perfectly with the rotten branches and floating leaves. The beard fringes wave temptingly and attract small fishes; suddenly the mouth gapes open, and the matamata swallows a large drink of water along with the curious little fishes.

tartarugas
turtles

É um estranho fato anatômico
que as tartarugas em geral
tenham a cintura escapular por
dentro das costelas, quando
todo mundo a tem por fora.

Esses bichos existem há
muitas dezenas e centenas de
milhões de anos, praticamente
sempre assim como são hoje.
Um sistema verdadeiramente
eficiente, que não dá sinais
de desadaptação – ao
contrário, o grupo é modesto,
mas muito firme.

It is a strange anatomical fact
that the turtles have their
shoulder girdle within the rib case,
contrary to all other animals.

These beasts have lived
practically unchanged for tens
and hundreds of million years.
A very efficient system, which
shows no signs of disadaptation
– on the contrary, the group is
modest but very stable.

sapo-intanha
cerato phrys

O sapo-intanha é extremamente
rancoroso e tem grande
capacidade maléfica.
Experimente dar um pontapé na
intanha. Experimente só.

Ele entra na tua casa quando
você estiver dormindo, sobe no
teu peito e faz um montão de
espuma até te sufocar.

De manhã você está duro.

The intanha is very vindictive
and possesses great evil powers.
Try to kick it. Just try.

It will come into your house when
you are asleep, climb on your
chest and smother you with foam.

In the morning you will be stiff.

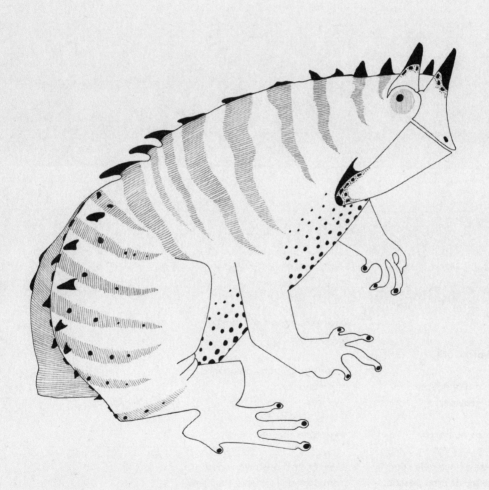

sapo-cururu
marine toad

O cururu é bicho útil.

Serve para o diagnóstico precoce da gravidez.

Come insetos na horta.

Enchendo-se a boca dele com areia do rastro de uma pessoa, costurando bem e jogando o sapo na lagoa, quando ele morrer a pessoa morre também.

The marine toad is a most useful creature.

It permits an early diagnosis of pregnancy.

It eats insects in the vegetable garden.

If you fill its mouth with sand from someone's tracks, then sew the mouth shut and throw it in the lake, when it dies the person will also die.

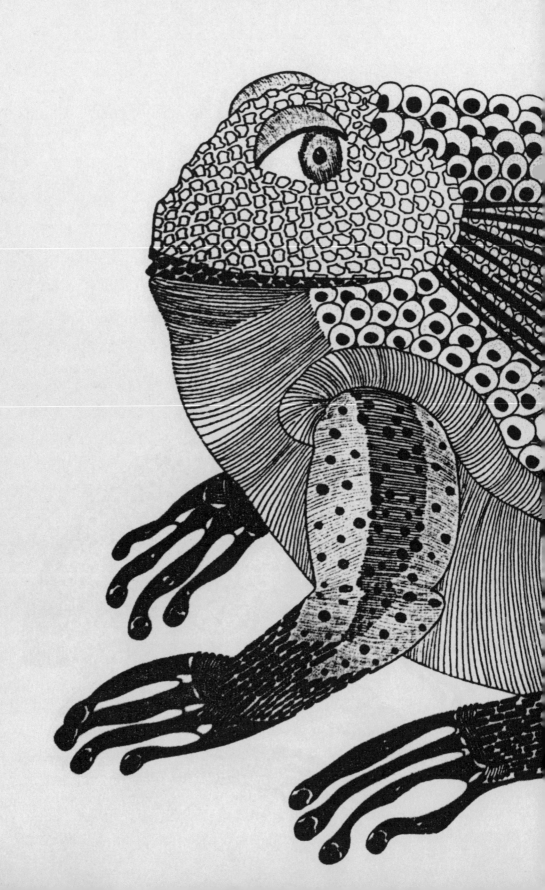

lagartixas
lizards

teiú
tegu

O teiú é um lagartão facinoroso.　　The tegu is a wicked big lizard.
Come de tudo,　　　　　　　　　　It eats everything,
    vivo ou morto　　　　　　　　　　 dead or alive
        briga até com os cães,　　　　 and even fights dogs,
chicoteando de rabo.　　　　　　　whipping its tail.
Sua carne é coisa fina, sua pele　　Its meat is good to eat, the skins
curte bem e dá um couro bonito.　tans well into fine leather.

sinimbu
iguana

O sinimbu ou camaleão mora nas árvores de beira de rio, e mergulha com habilidade quando precisa. É um dos poucos lagartos vegetarianos.

Ele e seus primos próximos são indispensáveis à indústria cinematográfica.
Com alguns efeitos de papelão e fotografados de perto, são os astros dos filmes pré-históricos.

São verdes em vida, muito bonitos quando de pele recentemente trocada.

The iguana or sinimbu lives in trees alongside rivers and can dive very well when necessary. It is one of the few vegetarian lizards.

It and some close cousins are indispensable to the movie industry. They are perfect actors for prehistoric pictures when photographed in big close-ups with some cardboard adornments added.

They are green in color, and particularly beautiful shortly after shedding their old skin.

cobra-chata
boipeva

Boipeva, em tupi, quer dizer cobra-chata. De fato, quando irritada, achata o pescoço e balança ameaçadoramente toda a metade anterior do corpo, parecendo uma naja. É uma das poucas comedoras de sapo.

Quando o cururu vê a cobra, fica firme e imóvel.
Está se escondendo, mas dá a impressão de estar hipnotizado. O disfarce adianta por pouco tempo. A boipeva procura, um tanto inquieta, o jantar que agora mesmo estava aqui. Logo acha. Abocanha pela cabeça. O sapo incha o mais que pode, para não ser engolido. A cobra melhora a pegada e vai movendo alternadamente os maximilares, até que alcança o corpo do bicho com um longo e agudo dente e perfura-lhe o pulmão. Este é um simples saco de parede fina, e desenche imediatamente.
A cobra deglute, aos poucos, com dificuldade, mas com firmeza. A pele do sapo é venenosíssima, a de rãs e pererecas não é – mas isso não faz mal à boipeva.

Boipeva means flat snake in the tupi language. When it is angered, it flattens its neck and menacingly waves the front half of the body, looking for all the world like a cobra. It is one of the few snakes that eats toads.

When the toad sees the snake, it freezes. It appears hypnotized but is actually shrewdly hiding itself. This tactics helps for a short time. The snake searches around, a bit worried about the dinner which was before its eyes a minute ago. Suddenly it locates the toad and grabs it by the head. The toad puffs itself up enormously to avoid being swallowed.
The snake improves its hold and slowly moves the jaws forward, until a very long posterior tooth pierces the victim's lung. This, being a simple, thin walled sack, immediately deflates. The snake proceeds to swallow the toad slowly and steadily, although with some difficulty. The toad's skin is very poisonous, not like that of frogs and tree-frogs, but it does no hurt the boipeva.

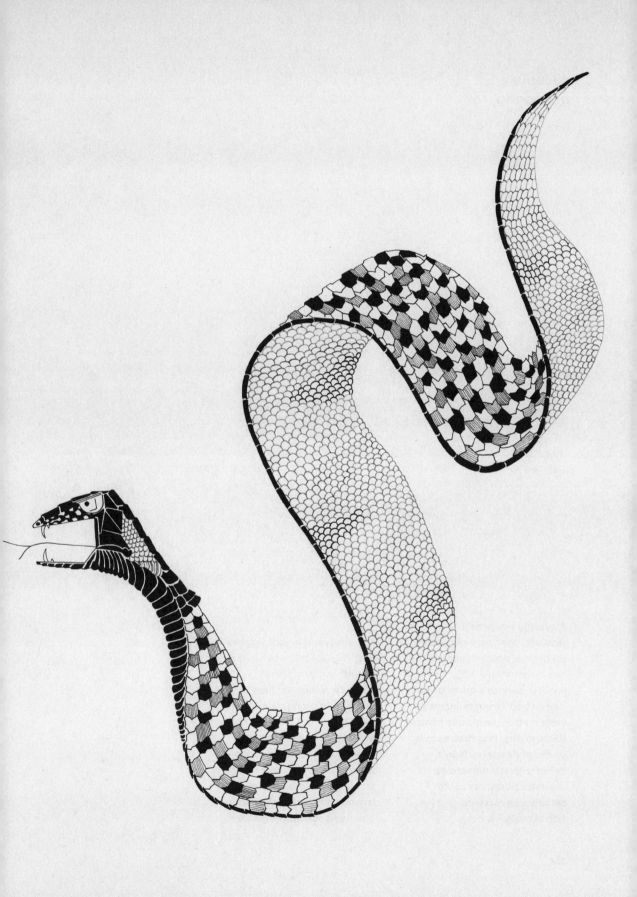

sucuriju
anaconda

A sucuriju vai, provadamente, a seus sete metros, e não se lhe exija mais, pois, uma cobra desse tamanho é impressionante e quem a vê jura de boa-fé por quinze ou vinte metros. Deixa nas pontas de areia das ilhas rastros que parecem de canoa. Não é de estranhar o número de legendas baseadas nesta serpente olivácea de feição maligna.

The anaconda in fact reaches a length of 21 feet; which is quite enough. Its length is so impressive that a man who sees a snake that long may actually believe that it was closes to 45 or 60 feet. As its slides, an anaconda will leave a canoe-sized track in the road. It is no wonder there are so many legends about this olivaceous and malignant looking snake.

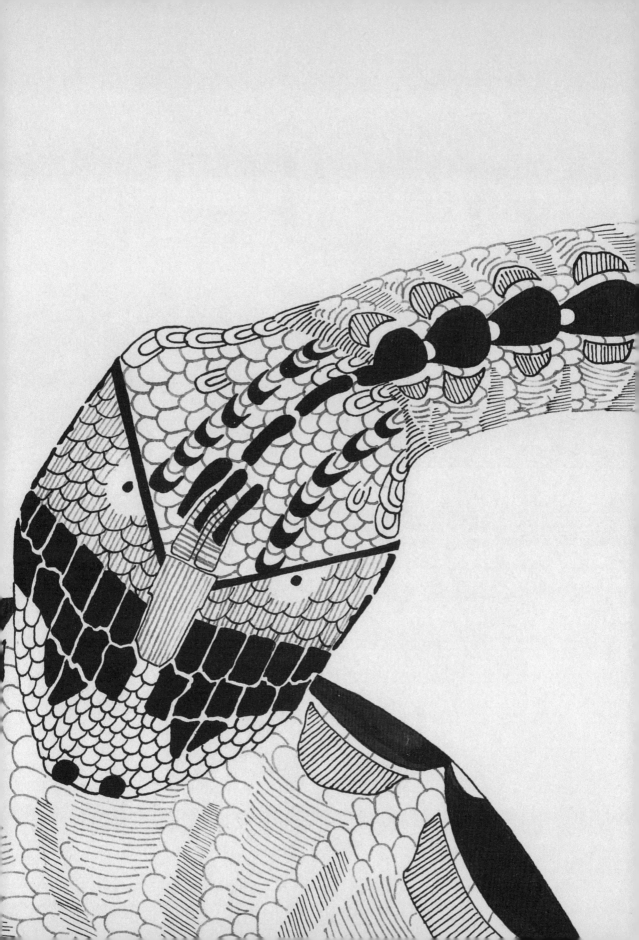

quadrúpedes
quadrupeds

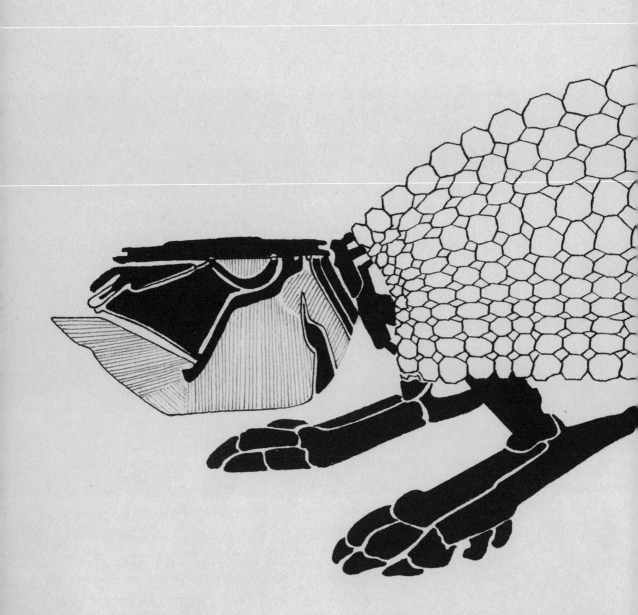

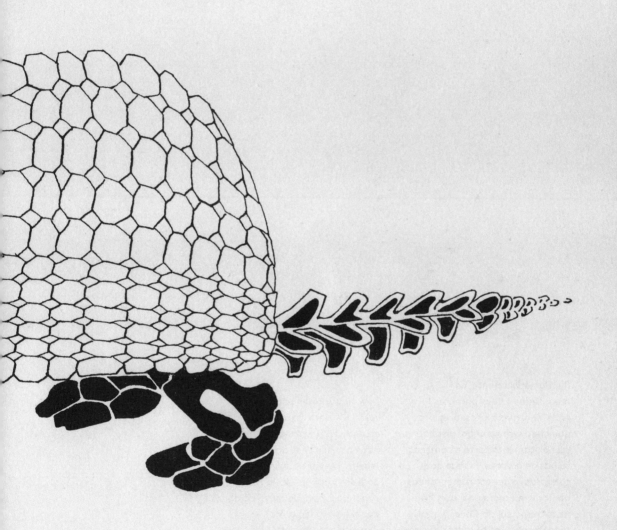

gliptodonte
glyptodon

Fundamentalmente, os megatérios e seus parentes eram enormes bichos-preguiça que andavam no chão, pisando completamente torto e comendo folhas de árvores. Parece que chegaram a ser contemporâneos do homem americano, pois há no extremo sul do Chile, o que bem poderia ser os restos de um curral, com dois couros tirados e bem enroladinhos.

The megatheres and their relatives were gigantic ground sloths which walked on the outer edge of their feet and ate tree leaves. They probably were contemporary with early American man, because what could have been a prehistoric corral, with two pelts tidily rolled up, has been found in extreme southern Chile.

bicho-preguiça
tree sloth

Os enormes parentes das preguiças, tão numerosos na América do Sul de um milhão de anos atrás, ou talvez menos, sumiram sem deixar rastro ou explicação. A lerda, abúlica, desamparada preguiça está aí, comuníssima.

The giant ground-sloths, so numerous in South America less than a million years ago, have disappeared with no explanation. The slow, lazy, helpless tree sloth is still widespread.

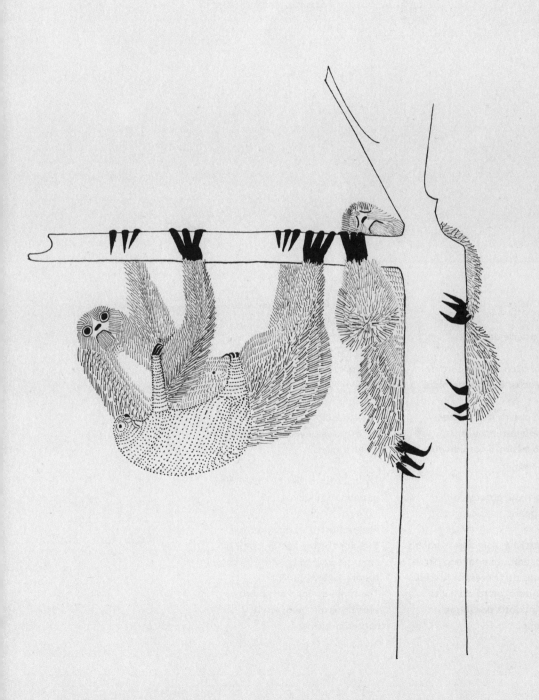

tatus
armadillos

Há uma série de tatus.

O galinha, com armadura de
nove placas, é ótima comida.

O peba cheira mal e dizem
que papa defuntos, mas,
mesmo assim, é comido em
certas regiões.

O rabo-mole parece-se
com o peba.

O canastra é o gigante atual da
família, embora pequeno perto
de alguns dos parentes fósseis.
O tatu-bola, ajuizado, evita
a proximidade dos jogos
de futebol.

There are many different kinds
of armadillos.

The nine-banded armadillo
makes excellent eating.

The hairy armadillo smells bad
and it is said, it robs graves, but
nevertheless, even it is eaten in
some regions.

The soft-tail resembles the hairy,
or peba armadillo.

The "canastra" is nowadays,
the giant of the family, but it is
small compared to some of its
fossil relatives.
The three-banded armadillo
sensibly stays away from
soccer games.

antas
tapirs

Não há no Brasil grandes mamíferos nativos comedores de capim. Os veados e antas preferem folhas novas de árvores, mais tenras, e mesmo flores.

A anta é um mistério. É verdade que é grande e tem poucos inimigos. Mas é muito caçada, pela carne, pelo couro e, principalmente, pela sensação idiota de se abater um bicho grande.

E vai se mantendo, melhor do que se poderia esperar.

O filhote é todo rajadinho.

Brazil has no large native grazing mammals. Deer and tapirs prefer a diet of fresh tender leaves and even flowers.

The tapir is a mysterious beast. In fact, it is large and so has few enemies. However, men hunt it intensively for the meat and for the hide, but specially for the idiotic pleasure of killing a large animal.

In spite of this, however, it fares surprisingly well.

The young is striped.

tamanduás [tamanduá-colete ou manbira e tamanduá-bandeira]
pygmy anteater

Há três espécies de tamanduá.

O bandeira é bicho de campo, galopa bem, rompe cupins com as unhas e espicha uma longa e viscosa língua escura, a que aderem os insetos. Carrega o filhote nas costas.

*Na pedreira de Xangô eu vi pedra rolar
Samambaia pegou fogo sapecou tamanduá.*

O mambira, mirim, colete ou jaleco, de tamanho intermediário, já gosta mais de árvores. Trepa devagar, mas firme.

O tamanduaí é bichinho misterioso, que ninguém sabe o que come, nem como vive. Os de língua espanhola o chamam serafim de bananal.

There are three species of anteaters.

The large three-toed anteater is a dweller of the savanna, and gallops well. It breaks termite nests open with his claws, then sticks out a long viscid dark tongue, and the insects stick to it. It carries its baby on its back.

The four-toed tamandua is of intermediate size and likes trees. It is a slow but steady climber.

The pygmy tamanduaí is a secretive animal. No one knows how it lives or what it eats. Spanish-speaking people call it the banana-grove seraph.

marsupiais, gambás ou mucuras
marsupials, possums

A tropilha dos marsupiais é discreta, com exceção do gambá ou mucura, bicho insolente e de péssimas qualidades morais. Ladrão de galinheiros e ébrio notório. Sua carne não é ruim, desde que se remova uma certa glândula. Há setenta milhões de anos não muda de fisionomia e é cada vez mais abundante.

A maior parte dos marsupiais tem uma bolsa marsupial, mas nem todos. Na bolsa estão as tetas. Os jovens nascem incongruentemente incompletos, com membros posteriores ainda como simples botões, e braços fortes, com que se arrastam até a bolsa. Aqui cada um se apodera de uma teta, que se solda à garganta e assim se garante o reabastecimento até o dia da emancipação.

The marsupial clan is small, except for the opossum. This is an insolent beast of very low moral standards, generally a chicken-coop thief and habitual drunkard. The meat is not bad to eat if a certain gland is first removed. It has not changed very much in the last seventy million years, and in numbers is more abundant than ever.

Almost all marsupials have a marsupial pouch, but not all. The pouch contains the teats. The young are born incongruously incomplete, with button-like hind limbs and strong, well developead fore limbs, with which they crawl into the pouch. Each baby take possession of one teat, which gets soldered to its throat, thus insuring continuous refueling until emancipation day.

cangambá, coati
tapirs, coati mundi

O coati anda de bando, exceto os machos velhos mal--humorados expulsos da família. O bando é alegre e trepador. Quando assustado, cada bicho se despenca pra um lado e ganha o mundo pelo chão. Domestica-se bem e é simpático, tendo por seu único defeito uma certa murrinha de carnívoro.

O cangambá ou jaritacaca é lindo. Mas, como todos de sua família, que vivem no mundo inteiro, tem uma glândula *a posteriori* capaz de despedir um jato forte de substância tão malcheirosa e tão fixa que leva ao desespero o cachorro ou humano atingido.

The coati lives in groups except for the grouchy males which have been expelled. They form a lively band who climb well. When they are frightened, each creature jumps to the ground and vanishes. They are easily domesticated and make good pets. Their only fault is a particular carnivore-type odor.

The Brazilian skunk, the jaritacaca or cangambá, is beautiful in appearance but, as all members of this word-wide family, it has a gland under its tail which can emit a strong jet of such an evil-smelling and persistent liquid that it drives mad the person or dog affected.

paca, capivara
paca, capybara

A paca faz o que pode: grunhe feroz, corre maravilhosamente, se entoca na perfeição, chega a fingir que briga, mas não adianta. Sua carne é tão boa que o caçador vai a extremos para caçá-la. O cachorro paqueiro é um dos poucos cães especializados de origem brasileira.

A capivara já é menos difícil de pegar. Anda em bandinhos, conversando o tempo todo em assobios fáceis de imitar que, quando imitados, a atraem com certeza. Nada muito bem e passa quase todo o tempo na água. O óleo tem fama de medicinal; deve ser por causa do mau gosto.

The paca does its best. It growls ferociously, runs marvelously, holes up perfectly, will even pretend to fight – but alas, to no avail. The meat is so excellent that the hunter goes to great lenghts to kill one. The paca dog is one of the few genuinely Brazilian breeds of dogs.

It is easier to capture the capivara. They roam in small bands, calling all the time among themselves in soft whistles, easy to imitate. A reasonable imitation can lure the beast. It swims very well and spends almost all its time in the water. The oil is said to have medicinal properties, but this is probably due only to its awful taste.

coandu, candimba
porcupine, cotton-tail

O coandu é bicho deveras espinhudo e sabe usar esta peculiaridade. Cada espinho tem barbinhas mínimas, serrilhadas, eficientíssimas. Se não for arrancado na hora, progride dentro da carne até sair do outro lado.

A candimba nunca compareceu muito no folclore dos caboclos. Os pretos, porém, atribuem-lhe mil e uma estripulias.

The coandu, like all porcupines, is a very spiny creature and takes full advantage of this. Each quill has extremely effective minuscule dentate barbs. If the quill is not pulled out immediately it will work its way through the flesh and come out on the other side.

The cotton-tail rabbit never appeared very much in the native folklore. However, black people attribute all types of tricks to him.

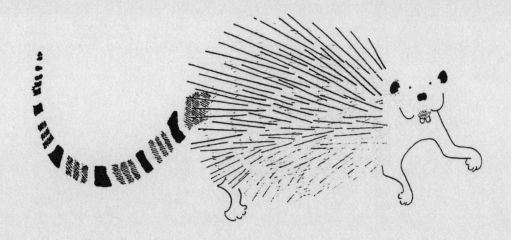

veado, cachorro-do-mato, queixada
deer, bush fox, white-lipped peccary

Para a ciência, há dois porcos-do-mato.

O queixada é maior e mais bravo. O cateto é menor e menos perigoso.
O canela-ruiva é conversa de caçador.
A carne dos dois é boa, depois de removida uma glândula de almíscar nas costas. Os antigos diziam que esses bichos tinham o umbigo no dorso.

A pandilha dos cachorros-do--mato constitui-se de omnívoros vorazes, gatunos hábeis de coragem pouca.

Brazilian science knows two types of peccaries.

The white-lipped peccary is large and fierce. The collared peccary is smaller and less dangerous.
The red-shank exists only in hunters' tales.
The meat is good to eat if the musk gland on the back is removed.
In the old days people thought this gland was the navel.

The pack of bush dogs consists of voracious omnivores, capable thieves, but having little courage.

roedores
rodents

a onça [jaguatirica]
jaguar

Esta onça está visivelmente
amolada.
Talvez não tenha gostado   This jaguar is visibly annoyed.
de ser empacotada em uma   Perhaps it did not like being
Terra papagalorum.   lumped in a Terra papagalorum.
Mas, é isso aí.   But there it is.

Mandei os meninos na roça	I sent the boys in the fields
me buscarem uma caninha	To get me some booze
voltaram na disparada	They rushed back
cai aqui, tomba acolá	A fall here a topple there
eu fui perguntei o que é que há.	I went to ask what was going on
Era um bicho pintado	It was a spotted animal
de cara chata	with a flat face
a cabeça redonda	the round head
o bigode espetado	the spiky mustache
a mão maringá	the dangling paw
e um cabo comprido	and a wobbling long tail
que vai como lá	dragging along
E eu disse: isso é onça.	And I said this is Jaguar.
Isso é onça.	This is jaguar.
Peguei minha espingarda	I took my shotgun
e pus no tiracolo	and strapped it on my shoulder
peguei meu embornal	I picked my scupper
e pus do outro lado	and I put it on the other side
peguei o meu facão	I took my machete
e pus no cinturão	and I put it in the belt
me deu uma tremura eu caí no chão	I got the shivers and I fell on the floor
Entrei lá pra cozinha	I went in to the kitchen
Acode minha mulherzinha	Help me my little wife
Traz um pouco de meizinha	Bring me some medicine
Que isso é onça	That this is jaguar
Isso é onça.	This is jaguar.

modinha recolhida por Paulo Vanzolini, que a gravou sob o pseudônimo de Edson Gama

traditional song collected by Paulo Vanzolini, who recorded it under the pseudonym Edson Gama

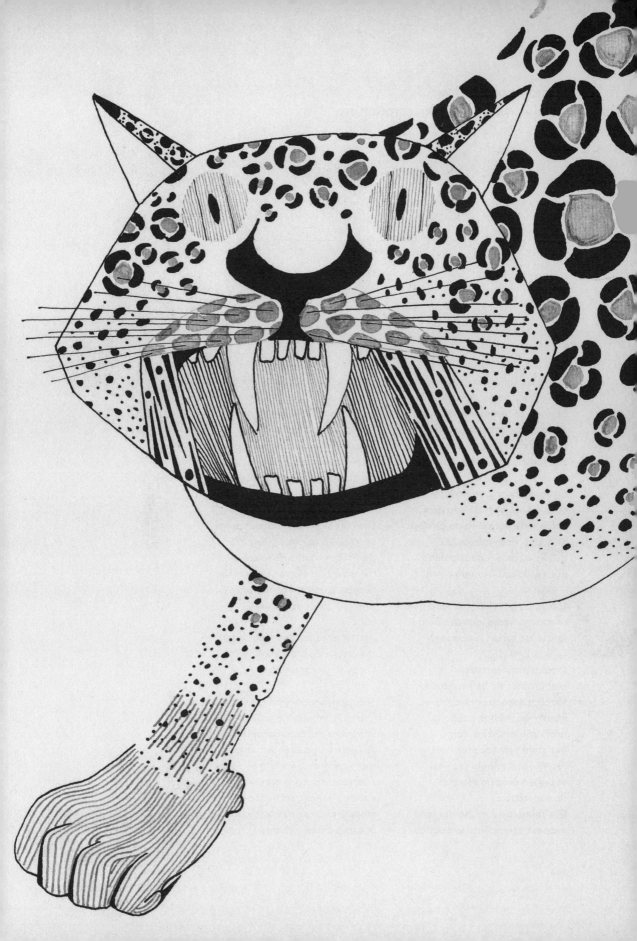

bugio, cuxiú, mico
howler monkey, saki, capuchim

O bugio é um macaco sério, que não brinca no serviço, mas desloca-se atentamente pela mata em capelas de fêmeas, filhotes e machos jovens, chefiadas por um capelão.

Seu grande prazer é cantar em coro. Consciente de sua arte, esforça-se por pô-la ao alcance de todos, num raio de 20 quilômetros. O caboclo acha que estão anunciando chuva.

E o mapinguari, o macacão que rouba mulheres, que se dão por felizes de serem roubadas?

O mico é um grande embaixador de boa vontade. Macaco esperto e adaptável, exerce em muitos países a profissão artística, como assistente de tocador de realejo, funâmbulo etc.; às vezes é a própria estrela do espetáculo.
Em liberdade é muito daninho, mas extremamente simpático.

The howler is a serious monkey, who does not play around on the job. His bands, called chapels, are composed of females, babies and young males, led by an old chaplain. The band moves alertly through the forest, doing no mischief.

Their great pleasure is communal singing. Conscious of their art, they spare no efforts to bring it to the attention of everybody in the nearest 15 miles. The native says they are announcing rain.

And what about the mapinguarí, the great ape that steals women happy to be charming.

The capuchin monkeys are ideal good-wil ambassadors. They are intelligent and highly adaptable. They are found as entertainers in many countries, working as assistants to organ grinders, tightrop walkers etc. In the natural state they cause much damage, but they are very charming.

morcegos
bats

A tribo dos morcegos é grande e antiga, mas pouco variada.

Os chupadores de sangue, dignificados com o nome de vampiros, têm a cara perfeitamente anônima. Não é verdade que abanem com as asas a ferida que fazem, para anestesiá-la. Pousam a certa distância da vítima, rastejam bem devagarinho e têm os dentes tão afiados que o talho não é sentido.

The bats form a large and old tribe, but one of limited variety.

The blood-drinkers, dignified with the title of vampires, actually have a most innocuous face. It is not true that they anesthetize the wound by fanning it with their wings.
Their practice is to alight a short distance from the victim, crawl close very slowly and bite with such sharp teeth that the incision is not felt.

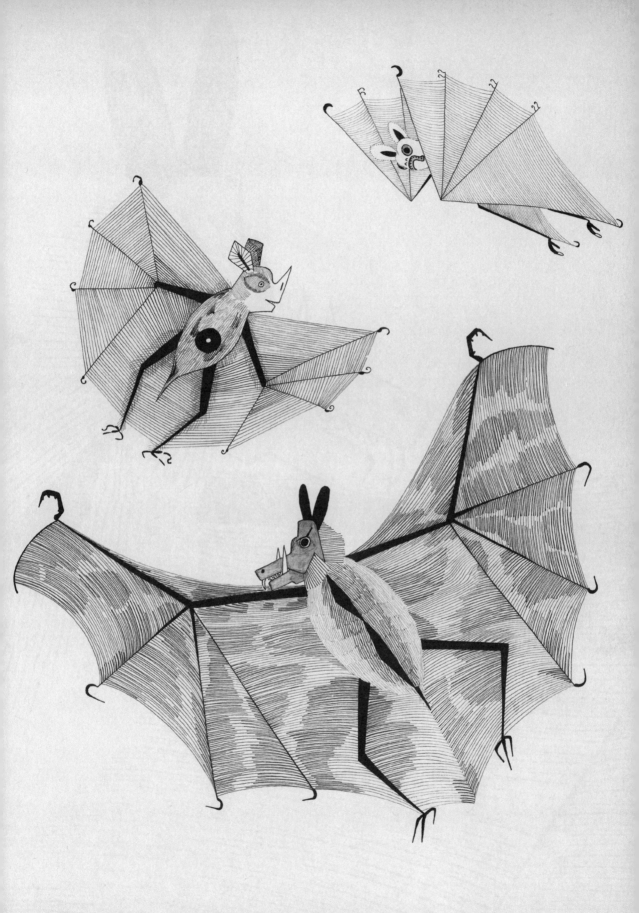

peixe-boi
manatee

Chamavam os antigos ao peixe-boi, peixe-vaca ou peixe-mulher. Impressionava-os o fato de um puro peixe dar o seio à cria. Mas o nome peixe-boi também é bom para este pacífico ruminador de canarana.

The manatee was, long ago, called the cow-fish or the woman-fish by people who were impressed by the fact that this fish breastfed its young. The present name of ox-fish is highly appropriate for this peaceful muncher of aquatic grasses.

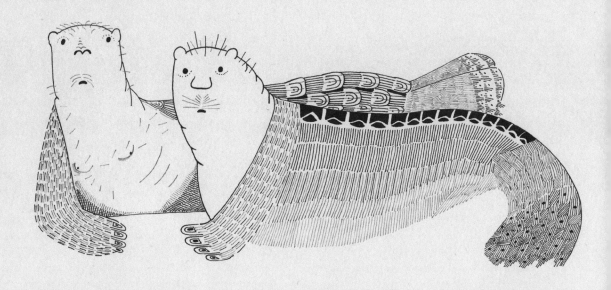

bichos com cara de gente

Chega uma hora em que a
realidade cansa.
Aplique seus próprios nomes.

There comes a time when reality
gets a bit stale.
Please decide upon some names
of your own.

Terra papagalorum, dos papagaios, de tudo quanto é bicho.

gerda e os bichos

Um bicho não existe em si, existe nos olhos que o veem. Chega um zoólogo, vê um lagarto e diz LS 12-19 (14.7, 1.59) 43; CT 2-11 (5.0, 2.20) 40 (similar to fig. 2B); e vai por aí afora. Outro diz do mesmo bicho que *Lacerta cauda tereti mediocri, digitis subtus imbricatis, corpore verrucoso. Pedibus exhalat venenum in esculentis* (na urina?) *Hasselqv. Mansueta; homo asylum.*
Eu prefiro a Gerda.
Os bichos que os olhos dela veem e as mãos exatas recriam têm uma doce humanidade animal, um ar de participação irônica, uma cumplicidade implícita. Nada passa despercebido, ninguém engana ninguém, uma porção de ângulos inesperados se revelam, mas a crítica nunca se esquece de que criticar também tem seu ridículo.
Na selva *selvaggia ed aspra* e forte de Gerda virtudes teologais cor-de-rosa andam de mãos dadas com lagartos lilás. Híbridos mansos sorriem tímidos, mas confiantes. E flui sem interrupção um tranquilo simpósio sobre o elogio da loucura.

In apresentação do livro: Brentani, Gerda. *Pequeno Bestiário Brasileiro*. Texto Paulo Vanzolini. São Paulo, Julio Pacello. 3 ff. s. num., 10 Gravuras.
Gerda and the animals
Gerda Brentani
Paulo Vanzolini
Versão | Eugenia Deheinzelin

gerda and the animals

An animal does not exist as such, it exists in the eyes that see it. A zoologist turns up, sees a lizard and says LS 12-19 (14.7, 1.59) 43; CT 2-11 (5.0, 2.20) 40 (similar to Fig. 2B); and so on and so forth. Another states about the same animal that *Lacerta tail tereti mediocri, digitis subtus imbricatis, corpore verrucoso. Pedibus exhalat venenum in esculentis* (in the urine?) *Hasselqv. Mansueta; Homo Asylum.*
I prefer Gerda.
The animals her eyes see and her precise hands recreate have a sweet animal humanity, a look of ironic participation, an implicit connivance. Nothing goes unnoticed, no one fools anyone, an array of unexpected angles is revealed, but the critique never forgets that criticism also has its mockery.
In Gerda's wild *selvaggia ed aspra* and strong jungle, pink theological virtues go hand in hand with lilac lizards. Meek hybrids smile shy but confident. And quietly flows uninterrupted a symposium on the praise of madness.

gerda brentani

(Trieste, Itália, 27.02.1906 - São Paulo, 26.07.1999)

Gerda Brentani chegou a São Paulo em abril de 1939; logo em seus primeiros meses no Brasil, conheceu Ernesto de Fiori que a incentivou a desenhar. No ateliê de Paulo Rossi Osir fez sua primeira exposição em 1941, e lá trabalhou com Mario Zanini, Alfredo Volpi, Rebolo, Ernesto de Fiori e Giuliana Giorgi.

A partir de 1945 realizou 28 exposições individuais, também em Roma e Madri, destacando-se a exposição retrospectiva no Museu de Arte Moderna de São Paulo, em 1977. Participou das edições III (1955), VII (1963), IX (1967) e X (1969) da Bienal de São Paulo.

Foi premiada no Concurso Internacional de Caricatura em Bordighera, Itália (1958).

Foi uma das artistas convidadas para a exposição inaugural do Museu de Arte Moderna em 1970, tendo participado do Panorama de Arte Atual Brasileira em 1971, 1974, 1980, 1987 e 1990.

Convidada por Carmem de Almeida, começou a escrever e ilustrar contos infantis para o "Suplemento Feminino" do jornal *O Estado de S.Paulo*, o que culminou na edição do livro *Psiuuu...* pela Giroflé em 1963, reeditado pela editora Ática em 1998. No mesmo jornal escreveu e ilustrou a coluna "Observando". Em 1955 foi editado o livro *Atrás da fachada* pela editora Habitat; seguiram-se: *São Paulo - Casas e fachadas*, em 1978; *Eu me lembro* pela Companhia das Letras (1993); em 1997 a editora Ática lança *Trancatudo*. Em 1961 edita o primeiro volume do *Bestiário Brasileiro*, registro do trabalho da artista com gravura em metal, e texto de Paulo Emílio Vanzolini.

Em 1997, aos 91 anos, a convite de Lisbeth Rebolo Gonçalves, Gerda expõe no Museu de Arte Contemporânea da USP as séries *Terra papagalorum* e *Antropófolosophia*, dentre outros trabalhos, em um total de 44 desenhos.

Em agosto de 1998 é homenageada no XXV Salão Internacional de Humor de Piracicaba, do qual participou durante muitos anos, tendo sido homenageada no 1º Salão em 1974.

Em 26 de julho de 1999, a desenhista, gravadora e escritora Gerda Brentani partiu, deixando-nos um retrato penetrante e humorístico deste mundo que agora é o nosso. Gerda Brentani fez parte do grupo de artistas que modificou o panorama artístico brasileiro, com Alfredo Volpi, Ernesto de Fiori, Francisco Rebolo, Bruno Giorgi, entre outros.

gerda brentani

(Trieste, Italy, February 27, 1906 - São Paulo, July 26, 1999)

Gerda Brentani arrived in São Paulo in April 1939. After a few months in Brazil, she met Ernesto de Fiori, who encouraged her to draw. At Paulo Rossi Osir's studio, she held her first exhibition in 1941, and worked there with Mario Zanini, Alfredo Volpi, Rebolo, Ernesto de Fiori and Giuliana Giorgi. Since 1945, she held 28 solo exhibitions, as well in the cities of Rome and Madrid. Most noteworthy was the retrospective exhibition at the Museum of Modern Art in São Paulo in 1977.

She participated in the III (1955), VII (1963), IX (1967) and X (1969) editions of the São Paulo Biennal. She was awarded at the International Caricature Competition in Bordighera, Italy (1958). She was one of the invited artists for the opening exhibition of the Museum of Modern Art in 1970, having participated in the Panorama of Brazilian Contemporary Art in 1971, 1974, 1980, 1987 and 1990.

Invited by Carmem de Almeida, she began writing and illustrating children stories for the Feminine Supplement of the newspaper *O Estado de S.Paulo*, which brought about the publication of the book *Psiuuu...* by Giroflé publishing house in 1963, reprinted by Ática in 1998. In the same newspaper, Gerda wrote and illustrated the "Observando" weekly column. In 1955 the book *Atrás da fachada* was published by Habitat Publishing House. Next came *São Paulo - Casas e Fachadas*, in 1978; *Eu me lembro* by Companhia das Letras (1993). In 1997, Ática released *Trancatudo*. In 1961, she edited the first volume of *Bestiario Brasileiro*, a register of the artist's work with metal engraving, and text by Paulo Emílio Vanzolini.

In 1997, at the age of 91, at the invitation of Lisbeth Rebolo Gonçalves, Gerda exhibited at the Museum of Contemporary Art of the University of São Paulo the series *Terra Papagalorum* and *Antropófolosophia*, among other works, adding up to a total of 44 colored drawings. In August 1998 she was honored at the XXV Piracicaba International Humor Salon, where she participated for many years, having been awarded at the first salon, in 1974.

On July 26, 1999, designer, engraver and writer Gerda Brentani passed away, leaving us a penetrating and humorous portrait of this world that is now ours. Gerda Brentani was part of the group of artists that changed the Brazilian artistic scene, with Alfredo Volpi, Ernesto de Fiori, Francisco Rebolo, Bruno Giorgi, among others.

paulo vanzolini

(São Paulo, 25.04.1924 - 28.04.2013)

Médico pela Universidade de São Paulo em 1947, mas nunca exerceu a Medicina. Fez o doutorado em Zoologia, sua paixão desde os 10 anos, na Universidade de Harvard.

Ingressou, em 1946, como biologista, no Departamento de Zoologia da Secretaria da Agricultura, Indústria e Comércio do Estado de São Paulo.

Em 1959, como assessor científico da Secretaria de Agricultura do Estado de São Paulo, Vanzolini participou ativamente da criação da Fundação de Amparo à Pesquisa do Estado de São Paulo — FAPESP, até hoje um dos mais importantes órgãos de fomento à pesquisa.

Foi Diretor do Museu de Zoologia da Universidade de São Paulo de 1962 a 1993, período em que formou a maior coleção de livros do mundo sobre répteis da América do Sul. Este acervo foi adquirido, na sua maior parte, com o pagamento decorrente de direitos autorais de suas músicas.

Em 2008 doou sua biblioteca, contendo aproximadamente 25.000 itens entre livros, mapas e revistas científicas, ao Museu de Zoologia da Universidade de São Paulo.

Paulo Emílio Vanzolini participou da Academia Brasileira de Ciências, assim como de várias organizações científicas internacionais.

Sua carreira científica resultou numa produção importante: 6 livros, 145 artigos e inúmeros prêmios.

No final da década de 1960, Vanzolini fixou de vez seu nome na ciência com o trabalho que ficou conhecido como "Teoria dos Refúgios".

A partir dessa teoria, ou modelo aplicado, como o próprio Vanzolini preferia se referir, tornou-se referência na zoologia.

Mas não foi a ciência que o tornou popular e sim o samba.

Ainda na faculdade de Medicina, integrou as Caravanas Artísticas de estudantes do Centro XI de Agosto, da Faculdade de Direito do Largo São Francisco, itinerando pelo interior do estado de São Paulo. Nesta época já escrevia poesia e começou a compor sambas. Mas a paixão por compor veio na virada de 1948 para 1949 em Boston, Estados Unidos, quando fazia o doutorado.

A primeira gravação aconteceu alguns anos depois, por acaso. A cantora Inezita Barroso havia ido ao Rio de Janeiro em 1953 gravar "A moda da pinga", mas não tinha música para o lado B do disco. Como Vanzolini e Ilze, sua esposa e amiga de Inezita, a acompanhavam na viagem, ele pôde autorizar na hora a gravação de "Ronda".

Por esse tempo, Vanzolini trabalhou na TV Record, onde produzia o programa de Aracy de Almeida. Um dos seus grandes sucessos foi "Volta por cima" (1963), que deu origem à expressão popular a que o dicionário *Aurélio* dedica um verbete, fazendo menção ao samba.

Só em 1967, mais de vinte anos depois de começar a compor, Vanzolini teria um disco inteiro gravado com suas canções. Produzido por seus amigos Luís Carlos Paraná (dono do lendário bar Jogral) e Marcus Pereira, "11 sambas e uma capoeira" teve músicas interpretadas por nomes como o então iniciante Chico Buarque, sua irmã Cristina Buarque e o próprio Paraná. Muitos anos se passariam até que, em 1979, ele mesmo gravasse suas músicas, em "Paulo Vanzolini por ele mesmo".

A obra musical de Paulo Emílio Vanzolini é relativamente pequena — pelo menos a parte que o autor, perfeccionista, deixou vir à tona.

É composta de aproximadamente 75 canções. Delas, 52 estão nos quatro CDs da caixa "Acerto de contas", de 2003.

paulo vanzolini

(São Paulo, April 25, 1924 - April 28, 2013)

Paulo Emílio Vanzolini graduated from the School of Medicine of University of São Paulo in 1947, but he never practiced medicine. At the Harvard University, he completed his doctorate in zoology, his yearning since he was ten years old. As a biologist, in 1946 he joined the Department of Zoology of the Agriculture, Industry and Commerce Office of the State of São Paulo. In 1959, as scientific advisor to the São Paulo Agriculture Office, Vanzolini actively participated in the creation of the São Paulo State Foundation for the Support of Research (Fapesp), to date one of the most important research funding agencies.

He was Director of the Museum of Zoology of the University of São Paulo from 1962 to 1993, and during this time he set up the worldwide largest collection of books on South America's reptiles. In its majority, the collection was acquired with the income of royalties from Paulo's songs.

In 2008 he donated his library comprising 25,000 items among books, maps, and scientific journals, to the Museum of Zoology of the University of São Paulo.

Vanzolini participated in the Brazilian Academy of Sciences, as well as in several international scientific organizations. His scientific career has brought forth a significant production: 6 books, 145 articles and numerous awards. In the late 1960s, Vanzolini's name became definitely linked to science with the work that became known as "Refuge Theory". This theory, or applied model, as Vanzolini preferred to call it, became a reference in zoology.

But it was not science that made him famous, but *samba*. Still in medical school, he was part of the Artistic Caravans of the "Centro Acadêmico XI de Agosto" of the Law School students, traveling through the interior of the state of São Paulo. At the time he already wrote poetry and began to compose *samba* songs. But the passion for composing came at the turn of 1948 to 1949 in Boston, United States, while studying for his doctorate.

The first recording happened a few years later, by chance. The singer Inezita Barroso had gone to Rio de Janeiro in 1953 to record "A moda da pinga", but she had no music for the B-side of the record. As Vanzolini and Ilze, his wife, were friends of Inezita, and accompanied her on the trip, he was able to immediately authorize the recording of "Ronda".

At this time, Vanzolini worked at TV Record, where he produced Aracy de Almeida's program. One of his greatest successes was "Volta por cima" (1963), which gave rise to the popular expression to which the Brazilian dictionary *Aurélio* dedicates an entry mentioning his *samba*. Only in 1967, more than 20 years after he began composing, would Vanzolini have an entire album recorded with his songs. Produced by his friends Luís Carlos Paraná (owner of the legendary bar Jogral) and Marcus Pereira, "11 sambas e uma capoeira" had songs performed by names such as the beginner Chico Buarque, his sister Cristina Buarque and Paraná himself. Many years would go by before, in 1979, he recorded his songs in "Paulo Vanzolini por ele mesmo".

Paulo Emílio Vanzolini's musical work is relatively small – at least the part that the perfectionist author has allowed to remain. It comprises approximately 75 songs. Of these, 52 are on the 4 CD box set "Acerto de contas" (2003).

pássaros | birds
papagaios | parrots, s/d, nanquim
sabiá | thrush, s/d, nanquim
sem-fim, bem-te-vi | striped cuckoo, tyrant flycatche, s/d, nanquim
cauã | laughing falcon, s/d, nanquim
caracará | caracara, s/d, nanquim
pega-macaco | hawk-eagle, s/d, nanquim
tesoura, beija-flor, papagaios | fork-tailed flycatcher, hummingbird, parrots, s/d, nanquim
arara | macaw, 1961, nanquim, 50x35cm
harpia | harpy eagle, s/d, nanquim
tucanos | toucans, 1961
pica-pau, juruva | woopecker, motmot, s/d, nanquim
galo-da-serra, anhuma, seriema | cock of the rock, screamer, seriema, s/d, nanquim
patos, carará | ducks, snakebird, s/d, nanquim
urubu-rei | king vulture, s/d, nanquim
urubus | vultures, 1961, nanquim, 50x35cm

pernaltas | waders
pernaltas | waders, 1961, nanquim, 50x35cm
carará, carão e garça | snake bird, limpkin and heron, s/d, nanquim
cegonhas, cauauã | storks, maguari stork, s/d, nanquim
cabeça-de-pedra, colhereiro, tapicurú, flamingo | jabiru, roseate sponnbill, green ibis, flamingo, 1961, nanquim, 50x35cm
ema | rhea, s/d, nanquim

insetos | insects
besouros | beetles, 1961, nanquim, 50x35cm
arlequim | harlequin, 1961, nanquim, 50x35cm
serra-pau | longhorn beetle, 1961, nanquim
outros besouros | beetles again, s/d, nanquim
titanus | titanus, s/d, nanquim
formigas | ants, 1961, nanquim, 50x35cm
içás | parasol ant, s/d, nanquim
chupadores de sangue | blood-sucking insects,1961, nanquim, 50x35cm

marimbondos, aranha | wasps, spider, 1961, naquim, 50x35cm
vespas | wasps, s/d, nanquim, 19,5x9,5cm
jequitiranaboia | lanternfly, s/d, nanquim
gafanhoto, gorgulho | grasshopper, weevil, 1961, nanquim, 50x35cm
insetos aquáticos | aquatic insects, s/d, nanquim
baile de insetos | insect's party, s/d, nanquim
mariposa | moth, s/d, nanquim
mariposa rabuda | long tailed moth, 1961, nanquim, 50x35cm
borboletas | butterflies, s/d, nanquim
bicho-pau | stick insect, 1961, nanquim, 50x35cm
lacraia, aranha de teia | centípede, orb-weaving spider, 1961, nanquim, 50x35cm
escorpião, escorpião-vinagre | scorpion, vinegaroon, 1961, nanquim, 50x35cm
caranguejeira | crabe spider, 1961, nanquim, 50x35cm

peixes | fishes
surubim | sorubim, 1961, nanquim, 50x35cm
cabeça de pirarucu | arapaima, s/d, nanquim
cuiu-cuiu | cuiu-cuiu, s/d, nanquim
cascudos | armored catfish, 1961, nanquim, 50x35cm
piramboia | lungfish, s/d, nanquim
poraquê | electric eel, 1961, nanquim, 50x35cm
pirarara (bagre-sapo) | toad catfish, 1961, nanquim, 50x35cm
piranhas | s/d, nanquim
baiacu | puffer, s/d, nanquim
baiacu-de-espinho | porcupine fish, s/d, nanquim
peixe-morcego | batfish, s/d, nanquim
peixe-corneta, cabrinha, peixe-borboleta | cornetfish, sea robin, butterfly fish,1961, nanquim, 50x35cm
arraia-de-fogo | stingray
acará, acará-bandeira | cichlid, angelfish, 1961, nanquim, 50x35cm
peixe-porco, peixe-galo, peixe-vaca | triggerfish, look-down fish, cowfish, s/d, nanquim
peixe de aquário amazônia | ornamental fish, s/d, nanquim
cabrinha | sea robin, s/d, nanquim
piramboia de pernas, s/d, nanquim

anfíbios e répteis | amphibians and reptiles

açu | black caiman, s/d, nanquim
jacaré-coroa | smooth -fronted caiman, s/d, nanquim
matamatá | matamata, 1961, nanquim, 50x35cm
tartarugas | turtles, 1961, nanquim, 50x35cm
sapo-intanha | ceratophrys, s/d, nanquim
sapo-cururú | marine toad, s/d, nanquim
lagartixas | lizards, s/d, nanquim
teiú | tegu, 1961, nanquim, 50x35cm
sinimbu | iguana, 1961, nanquim, 50x35cm
cobra-chata | boipeva, 1961, nanquim, 50x35cm
sucuriju | anaconda, 1961, nanquim, 50x35cm

quadrúpedes | quadrupeds

gliptodonte | glyptodon, s/d, nanquim
bicho-preguiça | tree sloth, s/d, nanquim
tatus | armadillos, s/d, nanquim
antas | tapirs, s/d, nanquim
tamanduás [tamandua-colete ou manbira e tamanduá-bandeira] | pigmy anteater, tamadua, giant anteater, s/d, nanquim
marsupiais, gambás ou mucuras | opossums, 1961, nanquim, 50x35cm
cangambá, coati | skunk, coatimundi, s/d, nanquim
paca, capivara | paca capybaras, s/d, nanquim
coandu, candimba | porcupine, cotton-tail rabbit, s/d, nanquim
veado, cachorro-do-mato, queixada | deer, bush fox, white-lipped peccary, s/d, nanquim
roedores | rodents, s/d, nanquim
a onça [jaguatirica] | jaguar, s/d, nanquim
bugio, cuxiú, mico | howler monkey, saki, capuchin monkey, s/d, nanquim
morcegos | bats, 1961, nanquim, 50x35cm
peixe-boi | manatee1961, 50x35cm

acervos desenhos
Terra papagalorum

Gérard Loeb
acará | acará-bandeira | açu | antas | arara | arlequim | besouros | bicho-pau | borboletas | bugio | cuxiú | mico | cabeça de pirarucu | cabeça-de-pedra | colhereiro | tapicuru, flamingo | cangambá | coati | caranguejeira | carará | carão, garça | cascudos | cegonhas e cauauã | chupadores de sangue | cobra-chata | ema | escorpião | escorpião-vinagre | formigas | gafanhoto | gorgulho | galo-da-serra anhuma e seriema | harpia | iças | insetos aquáticos | insetos inseridos | jacaré-coroa | lacraia | aranha de teia | marimbondos | aranha | mariposa | mariposa-
-rabuda | marsupiais, gambás ou mucuras | matamatá | morcegos | onça (jaguatirica) | outros besouros | paca | capivara | papagaios | patos e carará | peixe de aquário Amazônia | peixe-porco | peixe-galo | peixe-vaca | peixe-boi | peixe-corneta, cabrinha, peixe-borboleta | peixe-morcego | pernaltas | piramboia | piramboia de pernas | piranhas | poraquê | roedores | sapo-intanha | serra-pau | sinimbu | sucuriju | surubim | tamanduás (tamanduá-colete ou manbira, tamanduá-bandeira) | tartarugas | tatus | teiú | tesoura | beija-flor, papagaios | titanus | tucanos | urubu-rei | urubus | veado | cachorro-do-mato | queixada | vespas

Eugênia Deheinzelin
bagre-sapo, pirarara | baiacu | baiacu-de-espinho | bicho-preguiça | pica-pau, juruva | sabiá | sapo-cururu

Maria Eugenia Vanzolini
lagartixas

um livro por um triz

Os desenhos de Gerda Brentani são de 1961. Não sei se todos são desse ano. Mas são todos dela.

Vinte anos depois, Paulo Vanzolini comentou comigo o quanto gostaria de publicar o *Terra papagalorum*, concebido estritamente a partir do que Gerda desenhara.

Não sei exatamente quando ele começou a escrever seus textos, mas em 1981 conversamos bastante sobre este livro. Nessa ocasião, ele solucionou dúvidas que eu tinha sobre a designação dos bichos, sobre as grafias, pois em biologia tem essa história de gênero, família, espécie. E ajustou ainda suas versões para o inglês. Mas restaram ainda muitos detalhes, os quais, apenas agora, ao editar o livro, pudemos identificar. Guardo comigo alguns manuscritos dele, a lápis, em finíssimo papel de seda, como o manuscrito da p. 41. Mas o bilhete que me mandou sobre o livro perdeu-se, que pena.

Vanzolini era conciso, texto enxuto, nenhum excesso. Contava que aprendeu a escrever com seu professor de matemática, demonstrando teoremas: C.Q.D. – como queríamos demonstrar –, a versão em português da expressão latina Q.E.D. – *quod erat demonstrandum* –, usada quando se chega ao resultado pretendido em demonstrações matemáticas ou filosóficas, nada mais.

Naquela época, eu costumava ir ao Museu de Zoologia, atrás do Museu do Ipiranga, ao fim do dia, e lá trabalhávamos um pouco no livro. O vigia já havia sido avisado de minha chegada e me deixava entrar. No térreo, eu passava por silhuetas de esqueletos de animais, subia a escada, atravessava o largo corredor ouvindo meus passos, as luzes do museu já quase todas apagadas. Cruzava a antessala escura repleta de enormes recipientes cilíndricos de vidro que guardavam cobras, ao menos essa é minha lembrança, eu que me pelo de medo desses répteis, e chegava então em seu escritório. Sentia-se em suspensão o fumo de cachimbo tomando toda a sala, e ele trabalhando silente, óculos arriados sobre o nariz, e lá estava o administrador e cientista rigoroso, que jamais misturava as coisas, a rotina e a disciplina do museu com a música ou a boêmia das madrugadas. Saíamos depois para algum bar do Cambuci, que ele preferia, muitas vezes com Carybé, quando ele vinha a São Paulo.

Gerda, eu não conhecia. Foi Vanzolini que, por conta do *Terra papagalorum*, nos colocou uma diante da outra. Isso também no início dos anos 1980. Ela convidou-me ao seu apartamento da rua Oscar Freire. Foi aí que vi, pela primeira vez, a coleção quase completa dos desenhos de seus bichos. Surpresa e encantamento.

Aqueles desenhos eram únicos, jamais eu imaginara uma ema tão expressiva em seu próprio ninho, e sua distinção vinha do bigode desdobrando-se sobre o longo bico, bigode eloquente de macho que chocava no lugar da fêmea, olhar maroto que nem parecia de bicho! Ela os representava como se fôssemos nós, humanos, nas feições, jeito e poses. Rimos muito nesse dia. Logo, ela quis me dar uma gravura de uma onça em ação na mata fechada. Bonita demais. Está em casa, emoldurada, entre um renque de livros de poesia e outros de Alberto da Costa e Silva, Antonio Candido, Alfredo Bosi, Darcy Ribeiro, Edward Said, Eric Hobsbawn. Ela tem gostado dessa companhia.

Gerda, dona de humor genuíno e singular, mostrou-me esses bichos que desenhara, e contou que grande parte deles pertencia, então, ao acervo de Gérard Loeb. Por sua indicação o procurei, e ele, já naquele tempo longínquo se dispôs, desde o primeiro instante, a ceder generosamente os desenhos dela que eram dele, para que o livro vingasse.

Compreendi que aquele livro teria que ser feito! Antes mesmo de conhecer Gini, filha da Gerda, que – eu não sabia – também carregava consigo esse projeto, em paralelo, como um sonho ou um desejo. Dos filhos de Vanzolini me aproximei, por uma questão geracional e de natural convívio, de Maria Eugenia, sua primogênita. Ela lembra muito o pai, na determinação, na inteligência, na objetividade, no jeito de cortar seco e fundo, quando acha que é preciso. Ela e seus irmãos – Antonio Pedro, Fernanda, Mariana, Maria Emília –, desde que retomamos o livro, mostraram confiança e entusiasmo certeiros, dispondo-se a colaborar no que fosse preciso para que o livro se tornasse realidade. Maria Eugenia conservara desse conjunto, um único desenho: uma série de lagartixas, prontas a dar o bote, laçando agora seus insetos neste livro.

Nessa época, Vanzolini me falava também da importância da coleção de pinturas de José Cláudio da Silva, que viajara com ele numa das expedições científicas que fazia periodicamente ao Amazonas para coletar espécies, nos barcos Garbe e Lindolpho R. Guimarães.[1]

Foi graças ao empenho dele que a Imprensa Oficial publicou o livro *100 telas, 60 dias & um diário de viagem: Amazonas, 1975* (2009), com uma centena de óleos de Zé Cláudio, além de inúmeros desenhos e seu diário de viagem.
A coleção de pinturas se encontra, completa, aberta à visitação, no acervo do Palácio do Governo do Estado de São Paulo.

A Imprensa Oficial também publicou *Tempos de Cabo de Paulo Vanzolini*, com ilustrações de Aldemir Martins (2009) – livro de poemas *sui generis* por sua linguagem, explorando temas populares de maneira surpreendente e na ordem do dia até hoje. *Terra papagalorum* foi recomendado vivamente pelo Conselho Editorial (2011 - 2018), ratificado pelo atual, e graças ao entusiasmo de Nourival Pantano Júnior, seu apreço pela editora e pelos livros em geral, configura-se agora como um dos títulos marcantes do catálogo da editora da Imesp.

Como, após tanto tempo, este livro resistiu? Pelo valor e requinte de seus desenhos — nanquins que evoluíam da delicadeza de um bailado de insetos à massa negra compacta da carapaça de besouros; da frieza perversa da boipeva, a cobra-chata, a querer nos seduzir com a ondulação do tecido gráfico que Gerda lhe emprestara à bonomia de um casal de peixes-boi. Também pelos textos insuspeitados do cientista que, sem deixar de lado o rigor da taxonomia, se rendeu ao cronista que sempre viveu nele, para contar-nos sobre as vicissitudes e idiossincrasias inimagináveis desse bestiário, desses bichos exclusivos da zoologia da Gerda, que ele conhecia como ninguém.

Este livro é a prova de que uma obra de alta e rara qualidade pode resistir à passagem do tempo e sobreviver. Resistir mais de quarenta anos, esperando sua vez e sua hora. Ou até quase sessenta, se considerarmos a data de origem dos desenhos.

Sei, no entanto, que não poderia esperar mais. Aqueles bichos todos, feito loucos cronópios, estavam preparados para escapar, fartos dessa espera incompreensível.

Foi mesmo difícil! Vinte e cinco deles já haviam fugido, se perderam em disfarces definitivos ou se deixaram surrupiar. Não foram encontrados os originais desses desenhos. Não deixaram nenhuma sorte de pista. Primeiro o pega-macaco, o carão, o cauã, a cabrinha — não, não pensem que era um quadrúpede, pois era um peixe, que insanamente saiu de seu meio, de seu habitat, já que parecia também ter asas.

Alguns — como as vespas, o serra-pau e os insetos aquáticos — escapuliram antes mesmo que Vanzolini lhes escrevesse um texto, como a recusar sua interpretação muito própria.

Já estava nítido e anunciado que o desembarque seria grande, principalmente depois da receita de arara cozida em 50 minutos numa panela de pressão.

Escapou também o gliptodonte, por incrível que pareça o mais pesado e lento de todos. Talvez sua antiga sabedoria tivesse previsto que a tanta espera melhor seria a tentativa de defenestrar-se. Juntaram-se a ele o espinhento coandu e a candimba, com seus saltos de lebre. Os baiacus, inflando-se, também bateram em retirada, e a arraia, a arraia- de-fogo, parece que sempre semienterrada nos fundos arenosos ou cheios de lodo, nunca nem sequer foi vista! Sorte nossa ela ter desaparecido, pois sua ferroada liquida qualquer cristão. Já o sapo-cururu, grande prestador de serviços em geral, para o mal e para o bem, eclipsou-se de vez.

O sem-fim e o bem-te-vi com o instinto nato de liberdade que têm os passarinhos devem estar voando por aí, pousando em coqueiros, cantando *minha terra tem palmeiras* ou talvez tenham preferido *Quando eu for, eu vou sem pena / pena vai ter quem ficar. [...] O que eu fiz é muito pouco, / mas é meu e vai comigo. / Deixo muito inimigo porque sempre andei direito. [...] Quando eu for, eu vou sem pena, / pena vai ter quem ficar.*[2] Jeito desses passarinhos, quem sabe, darem o troco e também homenagear, ou estavam só se mangando de Vanzolini e Gerda com essa fuga nada fugaz? Não acredito.

CECÍLIA SCHARLACH

---

1. O projeto EPA - Expedição Permanente à Amazônia, coordenado por Paulo Vanzolini, terminou em 1987 e enriqueceu com milhares de amostras a coleção do Museu de Zoologia da Universidade de São Paulo (MZ-USP), conduzido durante três décadas por ele, como diretor vitalício. Findo o projeto, os barcos foram doados ao Instituto Nacional de Pesquisas da Amazônia (Inpa), de Manaus. | Fonte: <https://bv.fapesp.br/linha-do-tempo/2210/expedicoes-pioneiras-amazonia/>. Consulta em 03.10.2019.

2. Seu último samba, gravado por Chico Buarque — "Quando eu for, eu vou sem pena" (1977) — na coletânea "Acerto de contas" (2003), caixa de quatro CDs que Vanzolini considerou a síntese de sua carreira musical.

agradecimentos | notas do editor

A Imprensa Oficial do Estado de São Paulo gostaria de registrar seus agradecimentos especiais, primeiramente, aos herdeiros de Gerda Brentani e Paulo Emílio Vanzolini – Eugênia (Gini) Deheinzelin, Antonio Pedro (Toni) Vanzolini, Fernanda Vanzolini, Mariana Vanzolini (*in memoriam*), Maria Emília (Mila) Vanzolini, Maria Eugenia Vanzolini –, que desde o primeiro instante em que começou a ser produzido este livro se dispuseram a colaborar integralmente, buscando em seus acervos originais desenhos e textos, os quais, pela longa passagem do tempo, foram considerados perdidos, muitos deles tendo sido localizados recentemente.

Lembrar e destacar a generosidade de Gérard Loeb, de longa data, que cedeu os direitos de publicação tornando esta edição possível.

Os verbetes do bestiário foram escritos por Paulo Vanzolini e por ele traduzidos. Ele verteu seu próprio texto de apresentação e também o da Gerda. As quebras de parágrafos, espaçamentos de entrelinhamentos, quase a formar versos, correspondem à escritura original dele.

No entanto, textos complementares, como os verbetes biográficos dos autores, a "Moda da onça" – tarefa que, a princípio, supôs-se que não chegasse a seu termo, dadas as dificuldades próprias das expressões populares e cifradas que contêm – foram vertidos para o inglês por Gini Deheinzelin. O verbete de Vanzolini, foi simplificado ao máximo, pois sua carreira, seus prêmios, os artigos científicos publicados, sua versatilidade, tomariam muitas páginas.

Ele foi escrito por seus filhos que preferiram destacar essa glória de Vanzolini, a de um verso musicado ter caído no gosto popular a ponto de tornar-se expressão que ilustra verbete do *Dicionário Aurélio da Língua Portuguesa*: "dar a volta por cima". Gini, com a galhardia e a generosidade que a caracterizam, também usou de modéstia para com o verbete biográfico de Gerda ao redigi-lo. A ela, temos que agradecer duplamente.

Monique Deheinzelin muito contribuiu para a localização de desenhos, gravuras, fotos, pertencentes ao acervo da família.

Não podemos deixar de citar e agradecer a Francisca Carolina (Chica) do Val, bióloga e artista plástica, assistente da maior confiança do zoólogo Paulo Vanzolini, que fez a leitura técnica das provas finais, com boa vontade inimaginável, diante de seus sempre inúmeros afazeres, convocando uma equipe de especialistas, aqui nominada: Carlos Campaner, Carlos R. Vilela, Dione Seripierri, Fernando d'Horta, Jeremy Minns, Luiz Paulo Portugal e Renato de Oliveira e Silva.

Não se tratando, no entanto, de edição científica — mas de um livro de arte que atrairá não apenas cientistas, mas quem quer que se interesse por livros e lindas edições; por suas ilustrações, também as crianças, com a compreensão que terão dessa bicharada, com sua natural curiosidade para com o mundo, sempre sagazes, atiladas — decidimos nos ater aos textos tais como Vanzolini os deixou equacionados. Assim, nomes de designação latina, como *Titanus* (*giganteus*), (*Acrocinus*) *longimanus*, que deveriam ter grafias específicas segundo família, gênero e

espécie correspondentes, aqui nesta edição não foram observadas. CQD.
Por conta da composição e a harmonização gráfica do texto, todas essas designações estão em caixa-baixa. Os textos que Vanzolini não teve condições ou tempo de escrever mesmo para os originais então desenhados por Gerda, assim, não constam, mas temos a maioria dos desenhos com seus textos, um ou outro desenho, sem texto. Um ou outro texto, sem desenho.

O profissionalismo de Andressa Veronesi, editora da Imesp, garantiu a excelência na edição, assim como no resultado da impressão, supervisionando-a e acompanhando-a a cada caderno. Francisco Alves da Silva, em parceria com Carla Fortino, deu assistência indispensável. Tiago Cheregati, da equipe de tratamento de imagens, contribuiu para que os desenhos pudessem ser aplicados com todo o seu requinte e texturas gráficas, fazendo o máximo para que as cópias xerox, amareladas pelo tempo, muitas rabiscadas, com o avesso exibindo resquícios de textos ou de outros bichos, referentes aos desenhos originais não localizados, pudessem ser utilizadas.

Kiko Farkas, designer deste livro, teve a compreensão de como encarar a delicadeza ou a agressividade de muitos desses desenhos, conforme esses bichos são ou agem, ou segundo Gerda os criou e nos mostrou, promovendo ampliações e aproximações crescentes, assim como bailados e batalhas expressivas.

Por último, mas não menos importante, agradecemos a todos que, aqui na Imesp, diante da importância deste livro deram de si o máximo para sua conclusão.

Copyright © Imprensa Oficial do Estado de São Paulo, 2019

Biblioteca da Imprensa Oficial do Estado de São Paulo
Ivone Tálamo — Bibliotecária CRB 1536/8

Vanzolini, Paulo
Terra papagalorum / Paulo Vanzolini; desenhos Gerda Brentani; organização de Cecília Scharlach - São Paulo : Imprensa Oficial do Estado, 2019.
292p. : il. Desenhos

Verbetes
Inclui texto bilíngue Português-Inglês

ISBN 978-85-401-0180-7

1. Arte 2. Zoologia I. Vanzolini, Paulo II. Brentani, Gerda III. Scharlach, Cecília.

CDD 591. -981

Índice para catálogo sistemático:

1. Zoologia 590

Grafia utilizada segundo Acordo Ortográfico da Língua Portuguesa de 1990, em vigor no Brasil desde 2009.
Foi feito o depósito legal na Biblioteca Nacional (Lei nº 10.994, de 14/12/2004).
Proibida a reprodução parcial ou integral sem autorização prévia dos editores.
Direitos reservados e protegidos (Lei nº 9.610, de 19.02.1998).

Impresso no Brasil 2019

Imprensa Oficial do Estado de São Paulo
Rua da Mooca, 1.921 – Mooca
03103-902 – São Paulo SP
sac 0800 01234 01
www.imprensaoficial.com.br

IMPRENSA OFICIAL DO ESTADO DE SÃO PAULO

CONSELHO EDITORIAL
Andressa Veronesi
Flávio de Leão Bastos Pereira
Gabriel Benedito Issaac Chalita
Jorge Coli
Jorge Perez
Maria Amalia Pie Abib Andery
Roberta Brum

COORDENAÇÃO EDITORIAL
Cecília Scharlach

EDIÇÃO
Andressa Veronesi

ASSISTÊNCIA EDITORIAL
Francisco Alves da Silva

REVISÃO
Carla Fortino

TRATAMENTO DE IMAGENS
Tiago Cheregati

PROJETO GRÁFICO
Kiko Farkas / Máquina Estúdio

DESIGNER ASSISTENTE
Gabriel César / Máquina Estúdio

FOTOGRAFIAS
José Xavier | Acervo Eugênia Deheinzelin | foto de Gerda Brentani
Márcio Fernandes | Folhapress | foto de Paulo Vanzolini

IMPRESSÃO E ACABAMENTO
Imprensa Oficial do Estado S/A – IMESP

FORMATO FECHADO: 18 x 25 cm
TIPOLOGIA: FF Mark Pro
PAPEL SOBRECAPA E MIOLO: Pólen 80g/m²
PAPEL CAPA: Color Plus Marfim 120g/m²
PAPEL GUARDAS: Color Plus Cartagena 180 g/m²
PÁGINAS: 292
TIRAGEM: 1500

GOVERNO DO ESTADO DE SÃO PAULO

GOVERNADOR
João Doria

VICE-GOVERNADOR
Rodrigo Garcia

IMPRENSA OFICIAL DO ESTADO DE SÃO PAULO

DIRETOR-PRESIDENTE
Nourival Pantano Júnior